덴마크 자유교육의 선구자 크리스튼 콜

스웨덴의 유명 작가 셀마 라게를뢰프(Selma Lagerlöf)가 1907년 스웨덴의 어린이들을 위해 쓴 동화(우리나라에도 『닐스의 모험』이라는 제목으로 소개되어 널리 사랑받고 있는 동화 -옮긴이)를 소재로 벤테 오고어(Bente Aagaard)가 그린 그림이다. 동화는 게으르고 공감 능력이 부족하며 자기중심적인 한 소년을 묘사하고 있는데, 함께 등장하는 거위와 작은 악한 존재(동화에 나오는 인간에게 해를 끼치는 작고 추한 존재 -옮긴이)는 판타지의 상징물이다. 소년은 이 악한 존재로 변신하여 이상하고 놀라운 여행을 시작하는데, 이 과정을 통해 그는 삶과 인간의 아름다움을 발견한다. 이야기 마지막 부분에 와서 그는 심술궂은 일을 그치고 다시 예전의 자기 모습으로 돌아온다. 이 경험을 통해 소년은 동정심과 성찰 능력을 갖춘 존재가 된다. 고양이는 콜이 끔찍하게 애호하던 동물로 함께 표현되어 있다. 악한 존재 어깨 위에 있는 책은 성서로, 깊은 종교적 신심을 지녔던 콜을 묘사하고 있다. 그는 학생 시절 하느님은 엄격하고 심판하는 분이 아니라, 인간을 사랑하고 용서하시는 분임을 인식하도록 한 스크래펜보르(Peder Larsen Skraeppenborg)를 만났다. 이 신앙적 상징은 왼쪽 상단에도 나타나 있는데, 왼쪽 상단의 나르는 새는 자유와 선택하는 능력 그리고 독립적인 개인을 상징한다. 오른쪽 상단에는 콜의 얼굴이 그려져 있다. 콜은 판타지가 창조력과 용기를 발달시키고, 감정과 태도를 인식하게 하는 중요한 능력이라고 믿었다. 왼쪽 하단에는 콜에게 영감을 준 그룬트비의 얼굴이 그려져 있다. (해설 -비어테 패뇌 룬)

Freedom in Thought and Action: Kold's Ideas on Teaching Children

이 책은 원저 편집자인 Birte Fahnøe Lund과 Carsten Oxenvad 및 Center for Research on Free School(Ollerup) & Forlaget Vartov(Copenhagen)와의 협약 하에 한국어로 출판되는 것임을 밝힌다.

덴마크 자유교육의 선구자
크리스튼 콜

비어테 패뇌 룬, 카스튼 옥슨배드, 라스 스크리버 스뷘슨 편저
송순재, 고병헌 옮김

크리스튼 미켈슨 콜(Christen Mikkelsen Kold, 1816~1870)

차 례

한국어판 출간에 부쳐

'덴마크 자유교육의 아버지'로 불리는 크리스튼 콜이 남긴 단 하나의 저술과 그와 연관된 몇 개의 글을 한데 엮은 책『자유롭게 생각하고 행동하기: 어린이 교육에 관한 콜의 사상 *Freedom in Thought and Action: Kold's Ideas on Teaching Children*』을 한국어 번역본으로 소개하게 되어 기쁨이 큽니다.

1850년대 덴마크에서 교육에 관한 콜의 사상은 정부와 교육당국으로서는 결코 받아들일 수 없는 것이었고 따라서 무시되었습니다. 하지만 당시 대부분이 농부였던 국민들은 이 사상을 교육당국과는 달리 이해하고 받아들였습니다. 새로 도입된 민주주의라는 정치 체제 덕분이었습니다. 사람들은 원할 경우 아이들 양육과 교육에 관한 책임을 스스로 떠맡았습니다. 이를테면 주부는 자기 딸과 이웃집 딸을 손수 가르쳤는가 하면, 자기 아이들을 가르칠 교사를 물색해서 가르치도록 하기도 했습니

다. 당시 교사의 급료나 숙식 등의 수준은 아주 열악했습니다. 그리고 50
여 년이 채 지나지 않아 덴마크 전역에 이런 식의 작은 자유학교들이 세
워졌습니다.

오늘날 아이들은 누구나 무상으로 공립학교에 다닐 수 있지만, 동시에
공립학교에 대한 대안으로서 앞에서 말한 자유학교와 기숙학교에 다닐
수도 있습니다. 자유학교는 국가로부터 학생 개인 당 공립학교 재학생
평균 학비의 75퍼센트를 지원받습니다. 덴마크 헌법 제78조는 정치적,
종교적, 인간학적 관점에 따라 아이들을 자유학교에 보낼 수 있는 자유
를 모든 학부모에게 보장하고 있으며, 누구든지 원할 경우 새로운 자유
학교를 설립할 권리도 보장하고 있습니다.

모든 자유학교에는 각기 옳다고 생각하는 교육 과정과 학교 문화를 선
택하고 운영할 수 있는 자유가 주어져 있습니다. 이 경우 자유학교는 국
가가 요구하는 다음 두 가지 사항만 충족하면 됩니다. 첫째, 자유학교의
교육은 공립학교에서 목표로 하는 수준에 부합해야 하며, 그 목표에 도
달하기 위한 방법은 자유학교 재량에 속한다는 것입니다. 둘째, 자유학
교는 학생들이 자유를 향유하며 민주주의 사회에서 잘 살아갈 수 있도
록 준비시켜야 한다는 것입니다.

자유학교의 역사는 대략 250여 년에 걸쳐 덴마크의 역사와 서구 유럽
의 역사를 통해 활동했던 사상가들과 긴밀하게 엮여 있습니다. 프랑스
의 볼테어와 루소, 독일의 칸트, 덴마크의 그룬트비와 콜 등이 바로 그런
분들입니다.

이 책을 한국어로 옮기신 송순재, 고병헌 두 분 교수님께 각별한 감사의 마음을 전합니다. 모쪼록 이 책을 통해 한국의 학부모와 교사들이, 미래의 삶을 위한 지식과 기쁨과 용기를 경험할 수 있는 학교를 아이들에게 선사할 수 있도록 영감에 고취되시기를 바랍니다.

마음을 담아 2019년 가을

카스튼 옥슨배드(Carsten Oxenvad), 비어테 패뇌 룬(Birte Fahnøe Lund)

옮긴이의 글

    크리스튼 미켈슨 콜(Christen Mikkelsen Kold, 1816~1870)이 1850년 초등학교 교육에 관해 쓴 책을 우리말로 펴내게 되었다. 저술 후 27년이 지난 1877년, 그러니까 그의 사후에 팸플릿 형식으로 출간된 이 책은 북유럽에서 나온, 역사학적으로 중요한 교육 문헌 중 하나로 우리나라에서 쉽게 만나기 어려운 자료이다.

    콜은 니콜라이 그룬트비(Nikolaj Frederik Severin Grundtvig, 1783~1872)와 함께 근대 덴마크 자유교육의 텃밭을 일군 교육자로 평가된다. 좀 더 정확히 말해서 그는 자유학교(오늘날 자유학교는 '프리스콜레Friskole'를 옮긴 말로 1-9/10학년 어린이와 청소년을 위한 '폴케스콜레Folkeskole', 즉 공립(기초)학교에 대응하는 학교로 우리나라의 초등학교와 중학교(경우에 따라 고등학교 1학년까지)를 포괄한다. -옮긴이)의 실천적 개척자이자 정신적 뿌리에 해당하는 인물로, 그룬트비라는 거목의 영향권 아래 자라났지만, 자기 문제의식에 매진한 끝에 독특한 교육 세계를 건축해 냈다.

그룬트비가 학자였다면 콜은 사상가요 실천가였다. 역사가이자 시인이요 신학자이자 정치가이며 교육자로 알려진 그룬트비의 정신세계는 흔히 덴마크의 괴테로 불릴 만큼 웅대한 것이었고, 또 그가 설파한 교육론은 콜의 그것과 함께 후세에 지대한 영향을 끼쳤지만, 교육은 그에게 한 부분이었고 또 그의 일터가 학교 현장이던 것도 아니었다. 그는 학자로서 이론 영역에서 덴마크의 역사와 시, 신학과 정치, 민족과 교육에 새 길을 개척하고 방향을 제시하는 데 주력했다. 이에 비해 콜에게 교육은 그의 삶 전부였고 척박했던 학교 현장이 바로 그의 일터였다. 태산과도 같은 그룬트비라는 존재에도 불구하고 만일 콜의 교육적 실천이 없었다면, 오늘날과 같은 자유학교의 확산과 번영은 불가능했을 것이라는 게 후세의 평가다.

이 책은 콜이 남긴 유일한 저서로, 그것이 유일한 이유는 아마도 그가 저술 활동보다는 현장을 더 중시했기 때문이 아닐까 생각한다. 한 권의 책이지만, 바로 이 책에서 그는 '자유학교' 혹은 '교육에서의 자유'라는 점에서, 그가 생각하고 말하고자 했던 것, 꿈꾸었던 것, 실천해 내고자 했던 고갱이, 즉 자유교육의 정신적 세계를 독특하게 설파해 냈다.

자유교육이라 하면 흔히 대안교육을 떠올리지만, 덴마크에서 그것은 자유학교뿐 아니라 공립학교 전반에 의미 있는 영향을 끼친 사상을 뜻한다. 왜냐하면 그것은 애당초 어떤 별개의 특수한 학교를 위한 교육론이 아니라, (국민이라면 누구나 받을 권리가 있는 보편적) 교육의 뜻을 추구하고자 한 것이었기 때문이다. 이 점에서 그룬트비와 콜을 19세기 말 경을 기점으로 시작된 서구의 진보적 교육 운동(공교육과 대안교육을 망라하여)보다 사십여 년이나 앞서 그 길을 개척한 선구자들로 평가하는 것은 정당하다. 우리는 오늘날 덴마크에서 자유교육과 공교육이 법적으로 한 우산 아래 상호 협조적 관계를 나누면서 함께 성장하고 있다는 데 특히 유의할 필요가 있다. 우리나라 공교육 체제의 기본 틀이 서구에서 왔고 또 그 문제점들이 상당 부분 같은 맥락에서 나타나고 있는 것이라면, 대안교육 현장은 물론 공교육 현장에서 이러한 선구적 시도와 대화를 나누어 보는 것은 어느 모로 보나 필요하고 또 절실할 것이다.

이 책이 쓰인 때가 1850년이니 현 시점에서 볼 때 격세지감이 크지만, 그때 지적한 문제들이 우리나라에서는 물론 세계 도처에서 아직 미해결 상태로 남아 있고, 또한 세계화 과정으로 인해 상황은 더 복잡하게 꼬여 가는 것 같다는 점에서 그 안목과 논지는 여전히 유효하며 생생하다 할 것이다.

번역의 원전으로 삼은 책은, 덴마크 자유교육 전문가인 인드라 쿨리히(Jindra Kulich)가 콜의 덴마크 원문에서 영어로 번역한 글을 중심에 놓고, 비어테 패뇌 룬(Birte Fahnøe Lund)과 카스튼 옥슨배드(Carsten Oxenvad)가 콜의 인생 역정과 해석을 위한 각자의 기고문을 함께 넣은 구조에서 쿨리히의 서문을 달아 편집·간행한 영역본 『Freedom in Thought and Action: Kold's Ideas on Teaching Children(2003)』이다.

이 책에서는 원서에는 없는 글 두 편을 부록에 추가했다. 하나는 콜 당시에 설립되어 현재까지 활발하게 운영되고 있는 자유학교들 중 베스터 스케르닝에(Vister Skerninge Friskole) 자유학교 사례를 들어 살펴보고자 한 것인데, 이를 통해 독자들이 현 시점에서 본문의 뜻을 좀 더 생생하게 이해하도록 돕기 위해서이다. 학교가 처음 시작된 내력에 관한 이야기로부터 시작해서 간추린 역사와 교육 과정 중 특징적인 부분들을 소개했다. 원서의 본문과 관련지어 모두 흥미롭게 읽어볼 만한 글들이다. 다른 하나는 시장 경제를 중심축으로 하는 전 지구적 교육 환경의 도래라는 점에서 새로운 변화와 도전에 직면하게 된 덴마크 교육과 자유교육의 최근 상황과 미래를 위한 관점 하나를 보여 주는 글이다.

한 가지 짚어 두고 싶은 점은, 1차와 2차 문헌에서 기독교와 관련된 언급이 자주 등장하기 때문에 이 책이 혹 기독교 교육을 다룬 글이 아닌가 오해할 소지가 있다는 것이다. 하지만 이는 전통적으로 기독교가 교육의 기본 골격을 이루었던 서양 문화의 특징 때문으로, 우리 문화권에서 유학자들이 향교나 서원에서 차지했던 위치와 비교해 볼 수 있겠다. 내용상 특수하게 기독교 교육을 다룬 부분도 있으나 이는 오늘날 시대정신 중 하나인 영성교육이라는 시각에서 읽으면 좋겠다.

이 책을 우리말로 출간하도록 소개해 주신 덴마크 자유교원대학 카를 크리스티안 에기디우스(Karl Kristian Ægidius) 선생님께 감사드린다. 역사학을 가르치셨던 선생님은 덴마크 자유교육을 2000년대 초 우리나라에 처음 소개할 때부터 지금까지 열정적으로 함께 일해 오셨다. 또한 책의 편자들로서 판권을 사용할 수 있도록 도와주신 교사이자 저술가 비어테 패뇌 룬(Birte Fahnøe Lund) 님과 UCL(University College Lillebaelt) 교육학 교수 카스튼 옥슨배드(Carsten Oxenvad) 님께 감사드린다. 룬 선생님은 특히 여러 번거로운 협의에 응해 주셨을 뿐 아니라, 베스터 스케르닝에 자유학교의 역사와 교육 과정 사례를 토마스 뷔스뷔(Thomas Visby) 교장 선생님과의 공동 작업을 통해 소개해 주셨고, 이것을 영어로 번역하는 수고를 아끼지 않으셨으며, 위에서 언급한 덴마크 교육의 최근 상황에 관한 원고 하나도 별도로 써 주셨다. 아울러 리스 퇼베르 에릭슨(Lis Toelberg Eriksen) 선생님(올러룹 소재 자유학교 아카이브 책임자)께 의뢰하여 주제와 관련되어 역사적으로 의미 있는 사진들을 받을 수 있도록 힘을 기울여 주셨다. 두 분 선생님께 많은 감사를 드린다. 자유학교협회 대외부장인 마아른 스코테(Maren Skotte) 님은 학교가 시작될 때의 내력을 뷔스뷔 교장 선생님의 도움을 얻어 전해 주셨다. 뷔스뷔 교장 선생님과 스코테 선생님께 심심한 감사의 뜻을 표한다.

번역 작업에서 1장과 부록은 송순재가, 2장과 3장은 고병헌이 맡았으며, 상호 의견을 나눈 후 교정 작업에 반영했다

이 책에 관심을 갖고 우리말 출판에 도움을 주신 그물코출판사 장은성 사장님과 김수진 님께 깊은 감사를 드린다. 이 책이 콜을 중심으로 한 덴마크의 교육 상황을 역사적 관점에서 이해하고, 또 이 시각을 통해 우리나라 교육의 방향을 되새겨볼 수 있는 기회가 되었으면 하는 마음 간절하다.

2019년 가을

옮긴이 송순재 · 고병헌

서문

인드라 쿨리히(Jindra Kulich)

덴마크는 세계적으로 유명한 동화작가 아너슨, 실존주의 철학자 키어케고어, 또 국세적으로는 그보다 소금 널 알려진 시인이자 역사가인 그룬트비를 배출했다. 이 스칸디나비아 반도 끄트머리에 우리에게는 생소하지만 결코 잊어서는 안 될 인물이 또 한 사람 있다. 바로 크리스튼 콜이다. 콜은 19세기 후반 덴마크 교육의 정신적 근간과 형성 과정에 지대한 영향을 끼친 인물로, 그의 사상은 오늘날에 이르기까지 세계 어느 곳의 교육 현실에 비추어 보더라도 여전히 의미가 크다.

콜은 구두 제조공의 아들로 태어나 훗날 교사가 된 인물이다. 그는 덴마크 자유학교와 평민대학(시민대학으로도 번역할 수 있으나, 다른 나라의 시민교육과 구별하는 동시에 덴마크 교육 지형의 특징을 드러내기 위해서는 평민대학으로 번역하는 것이 더 적절해 보임. -옮긴이)의 원형을 형성하고 발전시키는 데 있어 결정적인 역할을 했으며, 그 영향은 오늘날까지 이어지고 있다. 1870년, 54세로 생을 마감했을 때 그는 존경받는 평민대학의 교장이었고, 덴마크 역사상 가장 영향력 있는 평민대학 운동의 흐름을 이끌어 낸 지도자였으며, 수많은 자유학교와 평민대학 교사들의 정신적 지주가 되어 있었다.

이 책은 바로 이 콜이 어떤 사람이며 또 그의 어린이 교육 사상과 실천은 어떠한 것이었는지에 대해 자세히 소개해 주고 있다. 콜이 주장한 초등학교 교육 모형은 덴마크 근현대 교육사에서 특이한 위치를 차지하는 '자유학교운동'의 영감의 원천이라 할 수 있다.

덴마크의 자유학교란 무엇인가? 그 세계적 독자성은 어디에서 찾을 수 있는가? 덴마크의 자유학교는 국가의 전폭적인 자금 지원을 받으면서도 교육 과정에 있어서는 국가의 통제를 받지 않는다는 점에서 자유학교라 불린다. 자유학교에는 세 가지 핵심적인 특징이 있다. 첫째는 부모에 의해 운영된다는 점이고, 둘째는 이야기와 노래의 역할을 강조한다는 점이며, 셋째는 비분파주의적 기독교 전통(비분파주의적 기독교란 특정 그룹에 국한된 소종파가 아니라 사회적으로 소통 가능하고 널리 설득력을 가지는 종교라는 점을 뜻함. -옮긴이)에 고취되어 있다는 점이다.

콜은 저술가라기보다는 실천가였다. 책이라고는 자신의 사상을 기록한 『초등학교에 관한 나의 생각 *Thoughts on the Primary School*』단 한 권만을 남겼는데, 이것이 바로 우리가 읽게 될 이 책이다. 어린이 교육에 관해 콜이 지닌 '진보적' 입장에 대해서는, 그것이 이미 20세기 존 듀이(J. Dewey)에 의거한 '진보주의 교육' 운동 훨씬 이전에 형성된 것이라는 점을 감안해 볼 때 그 진가가 무엇인지 잘 알 수 있다. 문화의 획일화와 세계화, 국가 단위의 통제, 교육의 상업화와 산업화가 급격히 진행되고 문화와 교육이 또 하나의 상품으로 전락하고 있는 오늘의 현실 앞에서, 진실하고 참된 교육에 대한 믿음을 근간으로 하는 콜의 사상이 주는 시사점은 매우 크다.

이 책은 전 세계 독자들에게 콜의 사상을 소개하기 위해 출간된 영역본과 더불어 콜의 생애와 그의 교육 사상과 실천을 다룬 탁월한 글 두 편을 함께 묶어 실었다.

번역 작업을 통해 우리 시대에 특히 그 중요성이 부각되고 있는 콜의 자유교육 사상을 여러 독자들과 나누게 되어 참 기쁘다. 모쪼록 이 책이 어린이 교육에 대한 생각과 토론을 위한 화두를 던지며, 전 세계 곳곳의 교사들에게 영감을 불러일으키는 불씨가 되기를 바란다.

1장
평민의 아이에서 평민의 교육자로

비어테 패뇌 룬 Birte Fahnøe Lund

'참 특이한 사람', '덴마크의 소크라테스', '평민을 위한 교육자', '마음을 울리는 탁월한 연설가' 등 콜과 동시대 사람들이 그를 평가한 말들은 그가 결코 평범한 인물이 아니었음을 짐작케 한다. 실제로 그에게는 남다른 면이 있었다. 그는 교육과 양육에 대한 덴마크의 기본 입지를 형성하는 데 지대한 영향을 미쳤으며, 그동안 교육당국의 권한 아래 있던 학교의 선택, 교육 과정, 평가 등의 문제를 부모의 손으로 넘겨야 한다는 입장을 취했다. 그의 이런 생각들은 합리주의 교육 철학에 의거하여 덴마크 교육에 결정적인 힘을 행사하고 있던 교육당국의 완강한 저항에 부딪힌다. 당시 교육 과정과 그 유용성, 학습의 성과를 평가하는 독점적 권력은 바로 정부 교육당국이 쥐고 있었다. 평가 역시 당연히 합리주의 교육 철학의 입장을 견지했던 교육당국이 정해 놓은 교과서를 학생들이 얼마나 달달 외우느냐를 기준으로 삼았다. 자주적 의사 표현, 명랑함, 삶에 능동적으로 참여하기 위한 용기 등과 같은 덕목들은 합리주의적 교육의

클라우스 베른트슨(Klaus Berntsen). 그는 콜을 일컬어 "덴마크의 소크라테스"라고 표현했다. 베른트슨은 평민의 아들이었다. 그는 콜이 설립한 댈뷔(Dalby) 소재 평민대학에서 학업을 마친 뒤, 퓐(Fyn)의 자유학교를 이끌었다. 훗날에는 자기 손으로 퓐에 평민대학을 설립했다. 평민교육에 대한 그의 관심은 정치적 활동에서도 드러난다. 그는 50년 이상 덴마크 국회에서 의원으로 재직했고, 1910년부터 1912년까지 국무총리를 지냈다.

틀에는 걸맞지 않는 가치들이었다.

그렇다면 콜 당대의 합리주의적 교육과 양육(upbringing, 양육이란 문화의 세계로 이끌어 들이기 전, 유기체 자체의 성장 리듬에 맞추어 도움을 제공하는 행위를 일컫는 개념이다. -옮긴이)의 대상은 누구였을까? 학생의 90퍼센트 이상은 농민이나 장인 출신으로 사회적으로 보아 하위 계층에 속하는, 다름 아닌 평민들이었다. 관료들은 이들을 자기 아이들의 교육과 양육은 말할 것도 없고, 자기 몸 하나 책임질 능력도 없는 사람들로 여겼다. 그들의 기준에서 볼 때, 이 무지한 평민의 교육을 전문가의 손에 맡겨야 한다는 것은 참으로 당연한 결론이었다. 그러나 역사는 국가가 그 강력한 통제력으로 인간을 억누를 수만은 없음을 보여준다. 그 가운데는 언제나 집단적 '진리'라는 허상에 맞서는 개인들이 있었기 때문이다. 크리스튼 콜은 이같이 합리주의가 부흥하던 시대에 나타난 인물이다.

덴마크 학교 전통의 근간을 이루는 자유라는 덕목의 관점에서 볼 때,

콜이 그토록 핵심적이고 중요한 위상을 차지했던 데에는 여러 이유가 있다. 그 중 한 가지는 바로 그가 종교와 교육 부문에서 자유를 위한 투쟁에 열렬히 참여했다는 사실이다. 이를 통해 그는 평민을 정신적, 영적 빈곤으로부터 해방시킬 방법이 있음을 확신했다. 그는 당시의 종교와 교육이 지배 권력의 하수인으로 평민의 정신적 자유를 억압한다고 보았다. 이런 생각을 갖게 되기까지 콜은 오랜 과정을 거쳐야 했다. 콜의 삶은 그의 청소년기의 환경, 그 당시의 사회적, 종교적, 정치적 배경뿐만 아니라, 행동할 수 있는 용기를 지닌 그의 인간적 소양의 총체적 소산이라 할 수 있다. 그가 덴마크 학교에 자유의 가치가 뿌리내리도록 하는 데 핵심적인 공헌을 한 평민의 교육자가 되기까지 그의 세계관 형성에 결정적인 영향을 끼치고 용기를 불어넣으며 추동했던 인물들과의 만남을 중심으로 연대기적으로 이야기를 풀어 본다.

콜의 어린 시절: 그가 사랑했던 '특이한' 어머니

크리스튼 콜은 여섯 형제 중 장남이었다. 그의 부모는 작은 마을의 평범한 사람들이었다. 아버지는 티스테드(Thisted)에서 솜씨가 뛰어나다고 알려진, 존경 받는 구두공이었다고 전해진다. 콜은 어머니에 대해 열심히 일하고 머리가 좋으며 자기 방식대로 삶을 이끌어가는 '특이한 분'으로 회상했다. 그의 어머니는 이웃이나 친지들과의 잦은 교류나 여타 사

크리스튼 콜이 태어난 티스데드의 작은 시골 마을. 윌랜(Jylland) 북부에 위치.

회 활동에 참여할 필요성을 별로 못 느끼면서도, 이웃이나 친지들이 도움을 필요로 할 때는 언제든지 나서서 도와줄 준비가 되어 있는 사람이었다. 1866년, 콜은 '베네뫼데드(Vennemødet)' 즉 '그룬트비의 친구들 모임[1]'에서 자신이 평민 교육자로 성장하는 초기 단계에 어머니로부터 지대한 영향을 받았다고 말했다. 그녀는 아이들에게 이야기를 들려주는 사람이었다. 아이들끼리 서로 다투거나 괴롭힐 때면 이야기를 들려주어 그들을 다시 쾌활하고 기쁘게 해 주었던 것이다.

1 코펜하겐에서 열리는 연례 회의. 나라 전역에서 그룬트비를 따르는 사람들이 초청을 받았다. 프로그램은 강의, 노래, 대화로 구성되었다. '베네뫼데드'는 그룬트비 탄신일인 9월 8일을 즈음하여 며칠 동안 열린다.

콜이 어머니를 "특이한 분"이라고 한 것은 매우 긍정적인 의미에서다. 그녀는 무리에 섞여 지내지 않으면서도, 이야기를 통해 사람들의 마음을 울리고, 즐거움과 활력을 회복시켜 주는 법을 알고 있었다.

'그룬트비의 친구들 모임'에서 콜은 어머니가 신앙적 물음에 몰두한 분이었다는 말을 하기도 한다. 어머니는 그 지역에서 시무하던 합리주의 신학을 추종하던 성직자보다 교구 목사인 한스 에어베크(Hans Agerbek)를 더 좋아했는데, 그의 설교는 따뜻하며 사람의 마음을 향하고 있다는 이유에서였다. 이 점에서 역시 그녀는 마을 대다수 사람들과 입장을 달리했고, 에어베크에 대한 특별한 호의를 서슴없이 표현했다. 훗날 콜이 다니던 초등학교에 에어베크 목사가 방문한 적이 있었는데, 콜은 그때 그의 선교를 통해 큰 행복을 느꼈고, 그래서 에어베크 목사를 찾아갔다. 에어베크 목사를 만나러 갔을 때 이웃 할아버지와 할머니도 자리를 함께했는데, 이들은 어린 콜에게 옛날이야기와 전설, 유령 이야기 등을 해 준다. 이 경험을 통해 콜은 상대에게 열린 마음과 따뜻함 그리고 집과 같은 편안함이 사람 사이 관계에서 얼마나 중요한지를 깨달았다고 한다.

구두 제조공 실습생으로 보낸 하루 반, 그리고 포어토프트에서의 순회교사 시절

부전자전(父傳子傳), 적어도 콜의 아버지는 이렇게 믿고 있었다. 학교를 마치면 구두 제조 실습을 하기로 되어 있었지만 그것이 콜의 적성에 따른 선택이었을 리 만무했다. 그는 손놀림이 어설펐고 가죽을 다루는 일은 지독히 어렵게만 느껴졌다. 아버지의 비난은 거세졌고 콜은 이 상황을 어머니에게 토로했다. 그는 더 이상 '한심한 인간'으로 취급 받는 것을 견딜 수 없었다. 어머니는 콜이 학교에서는 우수하지 않았는가, 뭐 하나라도 잘하는 게 있지 않겠는가라고 생각했다. 그래서 어머니는 바로 조치를 취했다. 콜이 실습을 시작한 이튿날, 그녀는 콜을 작업실 밖으로 빼냈다. 그녀는 콜이 학교 교사가 되어야 하리라고 판단했다. 당시 교사라는 사회적 신분은 이루 말할 수 없이 낮았다.

콜의 어머니는 자신이 수년 간 집일을 도와 일했던 교구장(교회가 관리하는 기본 행정 구역 책임자 -옮긴이) 카스튼슨(Carstensen)에게 부탁해서 콜이 포어토프트(Faartoft)에서 순회교사로 일하도록 주선했다. 그때 콜의 나이 열다섯이었다. 순회교사는 학령기 어린이가 있는 집집마다 돌아다니며 가르치는 교사를 말한다. 그런 집들에서는 숙박을 제공해 주었다. 콜은 작고 마음이 여린 소년으로, 그가 가르쳐야 했던 아이들 중 몇몇은 자기보다 덩치도 크고 힘도 확실히 세다는 것을 알고는 긴장하기도 했다. 그런데 이 시절 이미 콜은 상대방과 소통하는 탁월한 능력을 가지고 있었다. 그는 자기 말을 상대방이 알아듣게끔 설명함으로써 갈등을 피하는 법을 알았고, 모른 체 하고 지나치기 보다는 상황에 직면하여 갈등을 조정했다. 가령 아이들에게 "너희가 원하기만 하면 나 정도는 우습게 때려눕힐 수 있을 거야. 하지만 난 너희와 싸울 의도가 없으니 너희도 그

러지 않았으면 좋겠어."라고 말했던 것이다. 다른 한편, 지적으로는 자기
가 그 아이들보다 우월하다는 확신이 있었기 때문에, 아이들이 현명한
판단을 할 줄 안다면 분명 자기로부터 배울 점이 있다고 생각했다.

코우스트룹 영지(領地)의 야간학교

포어토프트에서의 순회교사 시절이 지난 뒤, 콜은 귀족의 영지인 코우
스트룹(Koustrup)에서 3년 동안 가정교사 생활을 하게 된다. 그리고 바로
이곳에서 콜은 학교 설립자로서의 능력을 보여주었는데, 바로 첫 번째
야간학교를 만든 것이다. 후에는 달라졌지만, 그가 최초로 설립한 이 야
간학교에서 사용한 첫 교재는 홀베어(Holberg)[2]의 희극이었다. 콜은 거실
에 모인 하인들을 위해 홀베어의 저작들 중 『피더 포어스 *Peder Paars*』를
낭송해 주기도 했는데, 이는 물론 그들뿐만 아니라 자신과 관리인들을
즐겁게 해 주기 위한 것이었다.

---

2 홀베어(Ludvig Holberg, 1684~1754). 덴마크의 작가. 정치를 주제로 한 희극과 풍자 류의
  글을 많이 썼다.

콜의 첫 번째 '야간학교'가 있는 코우스트룹 영지의 저택

스네드스테드 교원대학과 '놀라운 발견'[3]

스네드스테드(Snedsted)에 자리한 교원대학은 새로운 학교개혁법에 따라 설립되었다. 이 개혁은 1814년 학교법에 기초하여 모든 어린이가 학교에 다닐 수 있도록 한 것인데, 그렇게 야심찬 법은 당시 세계에서 유례

---

3 콜의 놀라운 발견은 "비할 데 없는 발견"이라는 그룬트비의 경험에 견주어 볼 수 있다. 이레네우스(Irenaeus, A.D. 120/140~200/203, 2세기 기독교신학 정립에 주도적 역할을 한 리용의 주교-옮긴이)를 읽으면서 그룬트비에게 다음과 같은 사실이 명백해지는데, 즉 기독교의 기적은 세례와 성만찬 같은 성례전과 살아 있는 말씀을 통해 그들의 신앙을 확고하게 하는 살아 있는 회중 속에서 발견되어야 한다는 것이다.

가 없었다. 나라 전체를 위해 교원대학을 세워야 한다는 이런 철학은, 당시 농촌과 도회지 간 사회적 양극화 현상이 두드러졌던 상황에서 출현한 것으로, 농촌 지역에서 가르치는 학교 교사들을 실습도 하게 하면서 잘 준비시켜야 한다는 믿음에 따른 것이었다.

1834년, 콜은 바로 이 교원대학에 입학했다. 콜은 입학을 위해 시험을 치러야 했는데, 점수는 썩 좋지 못했다. 목사이자 학장인 브라머(P. G. Brammer)가 콜의 학업 능력에 대해 부정적으로 생각할 정도의 점수였다. 하지만 이 대학의 다른 교수들, 특히 앨그린(P. K. Algreen) 같은 이는 생각이 달랐다. 앨그린은 콜의 능력에 대해 확신했고, 그의 이런 입장이 콜의 입학에 결정적으로 작용했다. 앨그린은 콜에 대해 이렇게 말했다. "그럼에도 특이한 점이 있으니 받아들이자." 바로 이 생각이 그의 남은 인생 동안 좋든 싫든 간에 콜을 사로잡은 하나의 사건이 되었다.

앨그린은 그룬트비와 경건주의자들의 영향을 받았고, 스네드스테드 교원대학에 있는 자기 방에서 경건주의(Pietism, 17~19세기 유럽 개신교 내부에서 전개되어 폭넓게 확산된 종교 운동으로, 종교개혁 이후 다시금 제도화되고 교리주의적으로 변질되어 가던 기독교 신앙을 '각성'〈혹은 '깨달음'〉이라는 주체적인 경험을 통해 진정한 회심과 기독교 생활의 갱신을 목표로 삼았던 기독교의 내적 갱신 운동 -옮긴이) 모임을 갖기 시작했다. 처음에 콜은 이 모임에 참여하지 않았지만 친구들의 권유로 뒤늦게 참여하게 되었다. 반면 학장인 브라머는 앨그린이 자기 방에서 갖는 경건주의 모임을 썩 내키지 않아 했다. 브라머는 이 모임을 시대에 뒤떨어진 낭만주의적 표출이라고 생각했다. 아무튼 학장과의 이러한 불일치에도 불구하고 콜은 결국 좋은 점수를 얻었고, 교구학교 교사로 채용되기에 적합한 졸업 자격도 갖추게 된다.

하지만 콜의 '놀라운 발견'은 평신도 설교가인 피더 라슨 스크레펜보르(Peder Larsen Skræppenborg)[4]와의 만남을 통해 이뤄진다. 콜이 스크레펜보르를 만난 시점이 언제인지는 확실치 않으나, 이 만남으로 콜은 하느님이 인간에 대한 심판자나 경찰관 같은 존재가 아니라, 인간에게 최상의 것을 주기 원하시는 분이고 용서하며 사랑하는 분이라는 사실을 깨닫게 된다. 이 '놀라운 발견'은 콜로 하여금 자유롭게 행동하도록 하는 동시에 용기(비록 때때로 오만함으로 변하기도 했지만)를 주었으며, 교육 제도 안에서 자유로운 사상을 펼칠 수 있도록 토대를 마련해 주었다.

당시 농촌과 도회지 사이의 사회적 양극화 현상이 두드러졌던 상황에서 경건주의적 각성의 경험 이후, 콜은 술과 담배 그리고 카드놀이를 끊었다. **하지만 콜을 제대로 이해하기 위해서는 이 지상의 물질적 존재가 한낱 가없고 하찮은 것이라는 그의 경건주의적 인식이 아니라, 덴마크와 덴마크 민족을 위한 최선의 길이라는 점에서 그가 가장 우선시한 것이 무엇인지를 알아야만 한다.**

학교 설립자로서 그리고 평민의 교육자로서 자신의 소명에 대한 사랑으로 콜은 이후 수년간 가족과 가정을 섬겼다. 이와 동시에, 콜이 여성을

4 스크레펜보르(P. L. Skræppenborg, 1802~1872). 그룬트비에게 영감을 받은 평신도 설교자이자 농부. 덴마크의 신앙부흥운동을 이끌던 지도자 중 하나였다.

농부이자 평신도 설교가인 피더 라슨 스크레펜보르
(Peder Larsen Skræppenborg). 겨울철 내내 나라 전역에
걸쳐 경건주의자들의 모임을 방문했다. 경건주의자들은
구원받는 길에 대한 가르침을 합리주의적 신학자들이
독점하는 데 대해 저항했다. 그들은 하느님과의 관계에서
스스로 책임지는 사람이 되어야 한다는 사실을 발견했다.

찬미했다는 사실도 결코 간과해서는 안 된다. 콜은 종교적 각성을 일으
킨 모임에서 그리고 그룬트비 모임에서 만난 현숙한 노부인과 이야기 나
누기를 즐겼다. 콜의 증언에 따르면, 이 여성은 인간 존재에 관해 책에서
얻을 수 있는 것보다 더 많은 지혜를 콜에게 알려주었다고 한다. 왜 결혼
을 하지 않는지 질문을 받을 때면, 콜은 학교와 결혼했다고 대답했다. 하
지만 1866년 그의 나이 쉰 살이 되던 해, 그의 누이인 마리의 추천으로
마음을 바꾸어 스물세 살의 스티네 야콥슨(Stine Jacobsen)과 결혼한다.

솔베어 목사관과 외스터 웰뷔 교구학교:
종교 모임과 '상류 사회'로부터의 추방

교사 자격증을 얻고 난 뒤 콜은 솔베어(Solberg) 목사관에서 교구장이

었던 쇠렌슨(K. Sørensen) 목사 가족과 함께 살면서 그 집 가정교사 생활을 시작했다. 쇠렌슨 목사는 자유로운 사고의 소유자였으며, 새로운 종교운동이나 그룬트비에 대해 긍정적 입장을 가진 사람이었다. 그는 콜이 종교적 지향이 같은, 즉 경건주의적으로 각성된 사람들과 함께 '종교적 이야기'를 나누고 '노래'를 부르기 위해 모임에 나가는 것을 반대하지 않았다. 그런데 1837년 크리스마스 직후 앨그린과 스크래펜보어가 이 목사관을 방문했을 때 문제가 생겼다. 쇠렌슨 목사가 부재중이었음에도 불구하고 콜이 목사관 모임에 이 방문객들을 초대한 것인데, 모임이 끝난 후 그 지역에서는 안 좋은 소문이 계속 부풀려 퍼져나갔던 것이다. 신문에서는 가십난에 콜을 '반쯤 미친 신출내기 교사 지망생'으로, 종교적 부흥 운동을 퍼뜨리려는 분파주의자로 낙인찍었다.

같은 해, 콜은 외스터 웰뷔(Øster Jølby)로 옮겨 임시 교사 자리를 얻었는데, 학부모들은 이 '거룩한' 괴짜가 교사로 선택된 것을 못마땅하게 여겼다. 아이들을 꼬드겨 종교적으로 개종시키려는 것이 아닐까 하는 의구심 때문이었다. 그래서 부모들은 자기 아이들이 콜의 영향을 받지 않도록 단단히 조심시켰다. 하지만 아이들을 매료시키는 콜의 능력은 처음부터 여실히 발현된다. 다만 그 능력은 학부모들의 의구심과는 전혀 다른 방향으로 표출되는데, 콜은 수업에서 가능한 한 다양한 경험을 통해 학생들의 마음을 열려고 했던 것이다. 이는 그때 콜에게 배운 학생들이 쓴 글들을 보면 쉽게 확인할 수 있다.

그러나 사실 그때부터 오늘날까지, 콜이 학생들에게 종교적 견해를 가지고 설교한 것이 어느 정도였는지는 여전히 논쟁의 소지가 있다. 콜이 신(神)에 대한 자신만의 실존적 이해를 학생들과 공유하려 했음은 틀림 없지만, 그렇다고 학생들에게 특별한 신앙 고백까지 요구했다는 증거는 없다. 결국 외스터 윌뷔의 부모들은 콜에 대한 부정적인 생각을 바꾸게 되었고, 임시 교사직이 끝나갈 무렵 쇠렌슨 목사와 함께 콜을 정규 교사로 추천했다. 하지만 콜은 이 자리를 얻지 못했다. 콜은 이미 당국으로부터 '분파주의자'라는 혐의를 받고 있었을 뿐만 아니라, 티스데드의 고위 관료는 스네드스테드 교원대학 학장인 브라머에게 콜에 대해 알아보도록 하였고, 브라머는 '분파주의자'인 콜에게는 그 어떤 자리도 주지 말아야 한다고 조언할 정도의 분위기였던 것이다. 정규 교사 추천 건은 그렇게 무산되어 버렸고, 콜은 결국 아무 일자리도 얻지 못하게 되었다.

콜은 외스터 윌뷔를 떠나기 전에 잉에만[5]의 시적 역사 소설들을 알게 되는데, 그 중에서도 『발데마의 승리와 에릭 맨뷔드의 어린 시절 *Valdemar's Victory and The Childhood of Erik Menred*』이라는 소설을 특히 흥미로워 해서 사흘 밤낮을 지새우며 통독한다. 이러한 맥락에서 1866년 콜은 '그룬트비의 친구들 모임'에서 잉에만의 소설을 읽었던 것이 덴마크 평민의 영광스러운 날에 대한 자기 이해에 얼마나 중요했는지에 대해 소신을 밝히게 된다. 콜은 잉에만의 소설들이 민주 의식을 부흥시켜 덴마크

---

5 잉에만(Bernhard Severin Ingemann, 1789~1862). 덴마크의 작가, 소뢰(Sorø) 아카데미 교수. 덴마크 역사의 위대한 시기를 영화롭게 하는 시적 역사 소설을 썼으며, 월터 스코트로부터 영감을 받았다. 그의 시적 감수성은 특히 아이들을 위한 시적인 아침과 저녁 노래에 잘 나타나 있다. 대부분의 덴마크 아이들은 아직도 그 노래들을 부른다.

월랜 남부의 평원 풍경. 포어밸룸 인근. 그곳에서 콜은 가정교사로 일했다. 그는 아이들을 자연으로 데리고 나가서 가르쳤다.

평민들을 다시 행복하게 만들 수 있다고 생각했다.

포어밸룸에 사는 크누드 크누드슨 농부의 집에 머물면서
어린이와 청소년 교육에서 '이야기하기'의 중요성을 발견하다

콜을 위한 일자리는 다행히 다른 곳에 있었다. 1838년 봄, 콜은 친한 친구들의 도움으로 포어밸룸(Forballum)에 사는 부유한 농부 크누드 크누드슨(Knud Knudsen) 집에서 가정교사로 일하게 되었다. 주어진 일은 이 집 아이들과 이웃집 아이들을 가르치는 것이었다.

콜은 온 마음을 다해 열정적으로 가르쳤다. 그리고 그 과정에서, 아이들로부터 배우고자 하는 열망을 이끌어 내는 능력이 자신에게 있음을 다시금 깨달았다. 그래서 포어밸룸에 머무는 몇 년 동안 그는 지금까지와는 아주 다른 교육 방법과 내용을 개발하게 된다. 콜은 아이들을 가르칠 때 가능하면 들판이나 숲 혹은 바다 같은 자연 환경을 활용하기 시작했다. 또한 성서나 덴마크의 역사 등과 관련된 이야기를 들려주고, 일상의 소소한 이야기들 또는 그러한 소소함을 넘어서는 이야기들을 들려주면서 삶에 대한 열정과 용기를 길러 주려고 했다.

이렇게 해서 콜은 아이들의 친구가 되었다. 아이들은 콜과 공부하면서 거리낌 없이 질문하고, 웃고, 함께 즐거워했다. 이러한 가족적인 유대감은 당시 기계적으로 외우고 매 맞으면서 공부하는 것을 당연시했던 교구학교의 방식과 비교하면 가히 혁명적인 교육 방법이었다.

교수법에 대한 콜의 이런 생각은 당시 교구학교의 그것과는 분명 달랐다. 그럼에도 교재로는 이미 지정되어 있는 밸레(Balle)[6] 감독의 교재를 여전히 썼는데, 그 이유는 아이들이 뭔가를 확실히 알기 위해서는 그것을 암기하는 것이 중요하다고 생각했기 때문이다. 그렇다고 해서 콜이 밸레 감독의 교재에 만족했다는 뜻은 결코 아니다. 기계적 학습은 아이들에게 시간 낭비이고 큰 고통일 수 있다는 것이 그의 확고한 생각이었다.

크누드슨의 아이들 중 한 여자아이인 마아른(Maren)은 기계적으로 외

---

6 밸레(N. E. Balle, 1744~1816). 감독. 기독교 교육 교리문답을 저술했다. 그 책은 교구학교의 필수 교재였다. 아이들은 그 책을 암기해야 했고, 교구학교와 자유학교와 가정학교의 후원자였던 지역 교회 목사가 성적을 평가했다.

우는 것을 아주 힘들어했는데, 그 아이 문제를 통해 콜은 '이야기하기'가 지닌 또 다른 차원의 의미와 가치를 발견한다. 기계적 학습의 부적절함에 대해 곰곰이 생각한 콜은 벨레 감독의 교재를 암기해서 배워야 한다는 당국의 엄격한 요구 사항을 무시하고, 아이들이 시험을 치를 성서 내용을 자신의 언어로 풀어 '이야기'해 주는 식으로 가르치기로 결심했다.

성서를 '이야기'로 풀어내어 들려주고 시험에 새로운 방식을 도입해야겠다는 생각이 들자, 그 다음 날 아침 일찍 당장 자신의 교육 실험을 시작했다. 성서 내용을 이야기로 들려주는 방법은 성공적이었다. 아이들은 이야기를 귀 기울여 들었고, 질문도 했으며, 콜은 이야기의 핵심 내용과 뜻을 설명해 주었다. 아이들은 즐거워하면서 호기심을 가지고 참여했다. '이야기'를 하다가 흥미로운 부분에서 콜이 이야기를 멈추면, 몇몇 아이들은 자기 손으로 책을 찾아 읽기까지 했다.

몇 주 뒤, 콜은 아이들이 들은 이야기 내용을 얼마나 기억하고 있는지 알아보기 위해 시험을 치르기로 했다. 그 결과는 놀라웠다. 아이들은 콜의 질문에 모두 대답했을 뿐 아니라, 초롱초롱한 눈빛으로 활기에 가득 차 있었던 것이다. 그것은 정말 또 다른 '놀라운 발견'이었다. 이 경험을 계기로 콜은 교육 당국과 교구학교 체제에 심각한 영향을 줄 수 있는 결심을 한다. 그 결심은 바로 다시는 아이들에게 기계적 암기를 강요하지 않겠다는 것이었다.

포어밸룸에서 콜은 댄스크 삼푼(Danske Samfund), 즉 '덴마크 소사이어티'의 한 지부를 세운다. 덴마크 소사이어티는 덴마크 평민들이 모국어와 세계사, 덴마크 역사와 평민 생활사 등의 중요성을 이해하도록 돕기 위해 그룬트비와 그의 동료들이 1839년에 만든 단체다.

북 슬레스비(North Schlesvig)에 자리한 포어밸룸 주민들은 언어적으로, 문화적으로, 정치적으로 양분되어 있었다. 그리고 그 지역의 문화적 성격에 대한 독일과 덴마크의 분쟁으로 독일과 덴마크 그 어느 편에서도 정체성을 찾을 수 없는 상태로 소외된 곳이다. 바로 이곳에서 매주 수요일 저녁, 콜은 포어밸룸 농장의 어린 농부들을 위한 야간학교를 열었다. 그는 잉에만의 소설을 읽어 주고, 성서와 덴마크 역사 이야기를 뽑아서 들려주었다. 콜은 이야기를 들려주다가 재미있는 대목이 나오면 얼마나 자주 이야기를 멈추었는지에 대해 말하곤 했는데, 이런 방법으로 아이들이 이야기를 계속 들으려면 그 다음 수요일에 또 올 수밖에 없도록 만들었던 것이다.

한편 크누드 크누드슨의 동생 옌스 래슨 크누드슨(Jens Lassen Knudsen)[7]

---

7 옌스 래슨 크누드슨과 콜은 동역자였다. 그들은 크누드 크누드슨의 농장에서 처음 만났다. 콜은 1838년 봄 그 집에서 가정교사로 일했다. 그들은 아주 좋은 친구 사이로, 영적인 믿음과 어린이와 어른들 교육에 관해 일치된 생각을 가진 '소울메이트(영혼의 친구)'였다. 크누드슨은 뢰딩 평민대학의 교사가 되었으며, 학습과 교육, 사유와 행동에서의 자유에 관한 콜의 관점에 공감을 가지고 있었다. 이리하여 크누드슨은 1862년 댈룸에 있는 콜의 평민대학 교사가 되었다. 하지만 함께 살고 일하는 동안 둘은 서로 어려움을 느끼기 시작했고 결국 갈라설 수밖에 없는 형편이 되었다. 이 드라마틱한 사건에는 길고도 슬픈 사연이 있다. 크누드슨은 부인과 다섯 아이가 있었는데 당시 콜은 독신이었고 하루 종일 학교에서 아이들과 지냈지만, 이런 상황을 크누드슨은 더 이상 감내하기 힘들어했다. 그의 아내 역시 콜이 자기를 그리 좋아하지 않는다고 느꼈기 때문에 이런 처지를 아주 못마땅하게 여겼던 것이다.

은 덴마크 소사이어티에서 출판한 새로운 덴마크 찬송가와 노래가 들어 있는 노래책을 얻게 된다. 이 노래책은 당시 야간학교에서 사용되었다. 콜이 야간학교를 운영한 가장 중요한 이유는 덴마크의 어린 농부들이 덴마크 민족정신을 이해하게 하기 위한 것이었는데, 이를 위해 그들은 덴마크어와 평민 문화를 위한 교육 활동을 활발하게 펼쳤다.

관료들과 투쟁을 시작하다

결국 콜에게는 그 지역에 있는 교구학교에서 정규 교사가 되거나 자기 손으로 자유학교를 세우고 싶은 열망이 간절해졌다. 하지만 교구학교에서 교사직을 구하기도 전에 그의 이상한 교수법에 대한 소문이 되스트룹(Døstrup)에 있는 교구장 가브리엘 코크(Gabriel Koch) 목사의 귀에 먼저 들어갔다. 코크 목사는 콜의 교수법이 무엇인지, 그가 가르치는 교실에서 도대체 무슨 일이 일어나고 있는지 알아보기 위해 지역학교위원회와 함께 포어밸룸에 가기로 결정했고, 이렇게 해서 콜과 그의 학생들은 지역의 어느 교구학교에 소환되었다. 코크 목사는 아이들에게 시험을 치르기 시작했는데, 놀랍게도 아이들은 질문에 모두 대답했다. 상황이 좀 잘못된 경우가 단 한 번 있었는데, 코크 목사가 한 학생에게 대뜸 4부 3장을 읽어 보라고 했을 때였다. 그 여자아이는 어떻게 해야 할지 주저하다가 읽어야 할 책이 어느 책이냐고 되물었다. 그것은 당연히 밸레 감독의 교재를 의미했다. 그 아이는 그 책은 읽어 본 적이 없다고 대답했다.

코크 목사는 여러 모로 아주 놀랐지만, 콜에게 암기 학습에 대한 일반 조건을 지키라고 요청했고, 콜은 그렇게 하고 싶지 않다고 대답했다. 콜의 대답은 암기식으로 책의 내용을 배우도록 하는 어떤 방법도 쓰지 않겠다는 뜻이었다. 콜은 그 상황에 대해 "목사는 자신에게 그러한 일반 요구 사항을 지킬 것인지 지키지 않을 것인지에 대해 단도직입적으로 물었으며, 그 질문에 대해 그렇게 하지 않겠다고 답변할 수밖에 없도록 목사가 물었다."고 말했다.

코크 목사는 리베(Ribe)에 있는 테어 뮐러(Tage Müller) 감독에게 콜에 대한 모든 것을 보고하기로 결심했고, 콜도 감독에게 자신에 대해 서면으로 설명할 수 있는 기회를 달라고 요청했다. 콜이 쓴 편지를 보면, 그의 교수법과 교육에 대한 생각에 분명한 자신감을 가졌음을 확인할 수 있다. 콜은 자신의 경험을 사례로 들면서 왜 암기식 학습법에서 벗어나야 하는지에 대해 그 정당성을 주장했다. 이 일련의 과정을 거치면서 감독은 콜을 불러들여 직접 대화를 청했다. 감독은 콜의 그 '특이하고 소신 있는' 교육 방법에 대해 이미 상당한 정보를 모아 놓았고, 그 자리에 함께한 사람들 중에는 그룬트비 노선을 따르던 멘돌든(Mendolden) 지역의 예비 목사 하스(Haas) 같은 사람도 있었다. 하스는 콜의 수업 방법을 옹호했을 뿐만 아니라, 교육 체제의 개혁을 위해서는 오히려 콜의 교수법이 필요하다는 의견을 피력했고, 또한 '저주 받은 암기식 학습법'이 존속하는 한 배우고자 하는 아이들의 재능과 열정을 교구학교가 계속 망가뜨릴 것이라고 주장했다.

감독은 콜을 진심으로 이해하려 했고, 콜이 재능 있고 유망한 사람인 것 같다고 말했다. 그러면서 감독은 콜이 아이들에게 좋은 교육을 해 주리라 믿지만, 미리 정해진 틀이 없이는 가르칠 수 없는, 콜과는 다른 교사들에 대해서는 여전히 걱정이 된다는 말도 했다. 콜은 그러한 입장에 동의하는 대신, 감독에게 그가 알고 있는 많은 이야기를 가지고 비유적으로 답변했다. "감독님, 혹시 지금 말씀이 저에게도 해당되는 것인지요?"라고 콜이 물었고, "아, 네, 결국 모두가 똑같은 방식으로 가야 하지 않겠습니까?"라고 감독이 답했다. 콜은 다시 답하기를, "하지만 뭐든지 누구에게나 똑같이 적용되어야 한다는 건 참 두려운 일입니다! 예를 들어, 나쁜 신발을 만들어 내는 99명의 구두 제조공이 있다고 할 때, 그렇다면 좋은 신발을 만들어 낼 수 있는 한 사람도 똑같이 나쁜 신발을 만들어야 한다는 말씀이신지요?" 이 말을 들은 감독은 어깨를 살짝 들었다 놓으며 그건 법이 모든 사람에게 공평하게 적용되어야 한다는 뜻이었다는 정도로 반응했다.

사실 감독 자신도 기존의 교수법에 의구심을 가지고 있었던 터였고, 이는 당시 하나의 경향이기도 해서 나라 전역에 걸쳐 새로운 방법론이 나올 수 있는 상황을 뜻하기도 했다. 기존 규범에 대항해 싸운 사람은 콜만이 아니었다. 그는 기존 것과의 충돌이 일어났던 시기에 태어났고, 이 숱한 충돌의 틈바구니에서 자신의 길을 걸어간 셈이라 할 수 있다.

콜은 관료의 요구를 계속해서 거부했고, 그 결과 크누드 크누드슨의 집을 떠나 이웃 농가로 옮겨야만 하는 처지가 되었다. 크누드슨과 그의 아내는 콜이 너무도 경직된 태도로 관료들을 대하는 것만큼은 용인할 수 없었다. 이 일이 있은 후, 콜은 교직을 구하려고 여러 교구학교의 문을 두드렸지만 매번 거절당하고 만다. 콜은 그의 조국 덴마크를 위해 무엇이 최선인가를 늘 생각하며 행동했지만 당시 주류 교육의 국가 이데올로기적 관점에서 볼 때, 그의 이런 신념이 오히려 교사가 되는 데 걸림돌이 되고 있다는 사실이 그를 다소 의기소침하게 만들기도 했다.

교직을 구하겠다는 마음을 완전히 접기 전에 마지막으로 한 번 더 해본다는 심정으로, 콜은 오벤로(Åbenrå) 타운에 있는 한 초등학교의 문을 두드렸다. 그곳은 밸레 감독의 교재를 쓰지 않는다고 알려졌기 때문이다. 독일 문화에 호의적인 교구장과의 면접에서 콜은 덴마크와 독일 문화 사이의 극심한 대립 상황에 직면하게 된다. 그는 콜이 무엇을 가르칠지에 대해 알고자 했고, 콜은 아이들에게 덴마크 역사에서 끄집어낸 이야기를 들려줄 것이고, 잉에만의 소설을 읽게 할 것이라고 말했다. 독일 친화적인 교구장은 아이들이 콜을 통해 덴마크적인 것(혹은 덴마크다움)의 영향을 받기를 절대로 원치 않았다. 이에 비하자면 밸레 감독의 교재를 쓰고 안 쓰고는 그리 큰 문제가 아니었다. 아이들에게 덴마크의 민족혼을 북돋워주는 행위야말로 교구장에게는 가장 위험한 일이었던 것이다. 콜은 무척 낙담했다. 미국 이민까지도 생각했지만 다행히도 그렇게 하지는 않았다.

콜이 스미르나 여행 일기장에 그린 하기아 소피아(Haga Sophia).

코펜하겐에서 스미르나로, 그리고 다시 코펜하겐으로

교육당국에 맞서 열심히 콜을 옹호해 주던 하스 목사는 터키 선교사로
가기로 결정했다. 콜은 그와 동행할 수 있는지 물었고, 하스 목사 가족은
하인이 필요했던 터라 콜을 고용하기로 했다.

스미르나(Smyrna, 지금의 이즈미르)로 떠나기 전, 콜은 1841년 가을부터

1842년 10월까지 코펜하겐에 머물렀다. 바로 이 1년이 콜이 이후에 이루게 될 많은 업적을 가능케 한 다양한 영향들을 받은 시기였다. 코펜하겐에 머무는 동안 콜은 그룬트비와 그를 따르는 린베어(J.C. Lindberg)와 키어케고어(P. C. Kierkegaard, 실존주의 철학자 쇠렌 키어케고어의 형제 -옮긴이)라는 두 성직자의 설교를 들었다. 콜은 국회의사당에서 그룬트비를 따르는 학식 있는 많은 사람들과 만나면서 자신의 무지함을 느꼈고, 그래서 덴마크 소사이어티(그룬트비와 린베어, 키어케고어 등의 강연을 들었던) 모임에 참석하는 등 지식 습득에 많은 힘을 기울였다. 또한 당시 국제적인 가치가 있던 제책술(製冊術)도 코펜하겐에 머무는 동안 배우겠다고 마음먹는데, 뒤에 이 제책술은 콜이 스미르나에 머무는 동안 생계 수단이 된다.

스미르나로 향한 교육 여행이자 선교 여행은 1842년 10월 1일에 시작해서 거의 5년 동안 지속되었다. 그때 콜은 나중에 자신의 경험을 이야기할 때 참고할 목적으로 일기를 썼는데, 여기에는 여행 중 겪은 흥미진진한 경험들을 묘사한 내용이 가득했지만, 향수병과 외로움의 흔적도 짙게 묻어 있다.

앞서 말한 것처럼, 콜은 하스 목사 가족의 하인(최악의 의미로)으로 고용되었다. 콜은 내심 기대하기는 했지만 그 기대만큼 하스 가족과 동등한 대우는 받지 못했다. 콜은 실망이 컸다. 과연 이 사람이 포어밸룸에서 자신의 논쟁적인 교수법을 변호해 주던 사람이었나 싶을 정도였다. 선교사로서의 삶에 대한 콜의 생각도 이 오래된 친구들에게 깊은 오해를

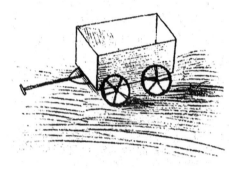

트리에스트에서 티스테드까지 석 달간 도보 여행 중에 콜이 사용했던 손수레 그림. 콜은 일기장에 이 그림을 남겼다.

불러일으켰다. 콜에게는 선교사의 삶이라는 게 거리에서 평범한 무슬림과 만나 기독교 메시지를 전하고 스파르타식 생활 양식을 안내하는 것 정도로 비춰졌던 것이다.

콜은 선교 활동의 진정한 목적이 자신의 인생 전체에서 중시했던 것, 즉 평범한 사람들과의 만남을 쌓아가는 것이 아닌, 사치스런 삶의 추구로 바뀌었다는 점을 심각한 모순으로 느꼈다. 콜은 자신의 학교에서 교사나 학생들이 순박한 평민들보다 물질 면에서 자신을 더 높이는 것을 용납하지 않았다. 학교에 다니는 동안에도 귀가해서는 평민들과 함께 일할 것을 학생들에게 장려했는데, 예를 들면 교육당국의 틀로부터 독립된 자유학교를 설립하기 위해 필요한 일 등이 그것이었다. 그 결과, 학생들에게는 영적인 면에서 명백한 변화가 이루어졌지만, 물질 면은 다른 지역과 같은 수준에 머물러 있었다.

마침내 콜은 하스 가족과 헤어졌다. 그리고 스미르나에서 배운 제책술로 생계비를 벌기로 결심했다. 처음엔 힘겨웠지만, 스미르나를 떠날 때까지 어느 정도의 돈을 모을 수 있었는데, 후에 콜이 뤼스링에서 첫 번째 평민대학을 세울 때 도움이 될 수 있을 만큼 꽤 괜찮은 액수였다.

콜은 걸어서 약 석 달 만에 고향에 도착한다. 트리에스트(Triest)에서 콜은 작은 손수레를 사서, 그 수레에 짐을 싣고 여행을 했다. 콜은 이 여행 동안 느끼고 경험했던 다양한 인상들을 모아 훗날 수업이나 대중 강의에서 활용했다.

1848년 시민전쟁 때, 가정교사와 군인으로

1847년 덴마크로 돌아왔을 때, 콜은 자신에게 맞는 교직을 찾는 대신 또 다시 미국 이주 문제를 놓고 고심했다. 하지만 그룬트비를 따르는 홀름슬랜(Holmsland) 지역의 헤셀펠트(Hesselfeldt) 목사 집 가정교사 자리를 구하는 것으로 최종 결론이 났다. 콜은 다시 한 번 성직자에게 고용된 것이다. 그러나 이번엔 동등한 대우를 받았다. 게다가 자기 생각대로 아이들을 가르칠 수 있게끔 허락도 받았다.

그룬트비 사상에 영감을 받은 성직자들과 교사들은 인근에 있는 뤼드비어(Rydbjerg) 농장에서 모임을 갖곤 했다. 그들은 주로 학교 교육과 교회에 관해 이야기를 나눴는데, 이런 분위기였기에 '참 특이한 사람' 콜이 들려주는 여행담과 대안학교 경험담은 이들이 충분히 경청할 만했다.

학교 교육과 기독교 신앙 교육을 분리하자는 그룬트비의 생각은 그룬 트비 영향이 강한 서(西) 윌랜(Jylland) 지방의 모임에서조차 잘 받아들여 지지 않았는데, 성서의 이야기를 가지고 하는 자유로운 형식의 기독교 설교가 학교의 주요 초석 중 하나로 자리 잡아야 한다는 게 그들의 입장 이기 때문이었다.

콜은 이곳에서 뤼드비어 농장의 가정교사로 있던 포울슨 댈(Poulsen Dahl)을 만난다. 훈훈한 우정이 두 사람 사이에 피어났고, 이 우정에 힘입 어 그들은 협력하여 평민대학과 어린이를 위한 자유학교를 설립했다.

1848년 3월, 슬레스비-홀스타인(Schlesvig-Holstein) 정치가들이 덴마크 정부와 정면으로 충돌한 일은 서 윌랜 지방 모임에서 중요한 논쟁거리 가 되었다. 슬레스비-홀스타인 정치인들은 해당 지역을 위한 자유로운 헌법을 요구했는데, 이는 한마디로 덴마크의 통치권에서 벗어나겠다는 뜻과 다름없었다. 이는 결국 '1848년 정신'으로 일컬어지는 덴마크 국가 정신에 새로운 생명을 불어넣는 계기가 된다.

당시 모든 남자들은 덴마크 군대의 소집 대상이었는데, 당시 덴마크 군대는 보잘 것 없었고 훈련도 빈약했다. 따라서 모든 남자들은 군대에 자원입대하도록 독려받았다. 포울슨 댈과 콜, 두 친구도 이 요청에 응했 고 봐일레(Vejle) 타운에 있는 학도병 부대에 들어갔다. 학도병들은 군대 경험이 전혀 없어서 퓐에 있는 훈련소로 보내졌다. 부대장은 튀레고드 (C. A. Tyregod)라는 사람으로 후에 1848년 전쟁에 있었던 사건들을 기록 한 책을 출간했다. 이 책에는 콜이 아부하지 않는 성격의 소유자라는 사

포울슨 댈(Anders Poulsen Dahl). 콜과 깊은 우정을
나눈 그는 콜이 학교를 삶과 관련지어 생각하는
과정에서 중요한 역할을 했다. 뤼스링에와 댈뷔
및 댈룸에서 평민대학의 교사로 일했다.

실, 그리고 콜은 자기가 좋아하지 않는 품행과 도덕적이지 못한 말들을
하는 병사들을 조소하고 교화하려 했다는 사실 등도 기록되어 있다.

이런 내용들은 콜이 어떤 상황에서도 중립적 태도를 취하거나 단지 수
동적 입장을 취하는 정도로 남아 있을 수 없는 성격의 소유자라는 사실
을 잘 보여 주는 사례이다. 그는 인상에서부터 그러한 성격을 숨길 수 없
던 사람이었다. 그는 정신적 동료 관계가 아닌 사람들과는 감정적으로
까지 거리를 두었으며, 따라서 그런 사람들과 불가피하게 의견 차를 보
이기도 했다.

반면, 콜은 자기가 여행할 때 겪은 일들이나 덴마크 역사 이야기를 듣
고 싶어 하는 많은 군인들과 가깝게 지냈다. 덴마크 역사 이야기나 여행
담을 즐겨 들은 군인들 중에서 콜은 많은 친구를 얻었다. 콜은 훈련소에
서든 야전에서든 언제나 모범이 되었다. 장교들이 콜에 대해 그토록 열

광했던 이유는 군인으로서의 능력이 아니라 많은 청중을 휘어잡는 탁월한 능력 때문이었다.

평민의 교사와 학교 교사로서의 역할에 대한 콜의 이해는 덴마크가 당시 처한 상황과 관련지어 새로운 전망을 얻게 되었다.

퓐 육군 훈련소에서 지내던 시절 동안 콜은 힌스홀름에 있는 댈뷔(Dalby)와 오덴세(Odense) 인근 새너룸(Sanderum)에서 자기와 같은 신앙과 견해를 가진 사람들을 만나게 되었다. 이 모임에서 만난 사람들은 이후 콜이 자유학교를 설립했을 때 정치적으로나 정신적으로 지지자들이 되었는데, 이 학교는 후에 그룬트비와 콜의 전통에서 설립된 어린이와 청소년을 위한 여러 자유학교와 평민대학의 모형이 되었다.

'1848년 정신'은 콜이 평생을 바쳐 무슨 일을 할 것인지 최종 결심하는 데 중요한 역할을 했다. 그는 구어체 교수법을 통해 덴마크 사람 개개인과 사회 전체를 활기차게 만들고 계몽하는 학교를 세우고 싶어 했다.

코펜하겐인가, 뤼스링에인가?

군 복무를 마친 뒤, 콜은 다시 가정교사 일을 시작했다. 이번에는 쇠너 펠딩(Sønder Felding)에 있는 외스터고어(Østergård) 목사 집에서 세 아이를 가르쳤다. 콜은 아이들을 가르치면서 그룬트비의 『세계사』를 정독했는데, 이 책에서 콜은 자신의 교육학과 교육 내용을 정립하는 데 있어 엄청난 의미를 발견한다. 『세계사』를 읽으면서 콜은 세계사의 과정과 인간의 발달 단계 사이에 존재하는 병행 구조(원시에서 근대에 이르기까지 인류의 진화 과정이 한 인간의 발단 단계, 즉 유치한 단계에서 고차원적인 단계로 전개된다는 의미에서 둘 사이에 존재하는 병행 구조를 뜻함 -옮긴이)를 통찰했고, 이 인식은 그가 학교와 교육에 대한 관점을 세우는 데 중추 역할을 하게 된다. 이에 따라 콜은 아동기를 상상력의 시기로, 청소년기를 감정의 시기, 그리고 청년기를 이성에 이끌리는 시기로 생각했다. 이러한 생각은 학교 교육에 대한 콜의 관점의 기본 골격을 이루었다. 또한 가슴에 대고 말하는 이야기 교수법의 의미에 대한 그의 초창기 경험은 이제 인간의 발달 단계와 인류의 역사에 대한 이해와 연계된다. 이런 통찰과 함께 덴마크에게는 행운을 의미하는, 신의 사랑에 대한 콜의 "놀라운 발견"이 그에게 주요 원리로서 지속적으로 작용하고 있었음을 잊어서는 안 된다.

1850년, 콜은 『초등학교에 관한 나의 생각』이라는 글을 통해 학교 교육에 대한 자신의 생각을 처음 드러냈다.

프레더리시아(Fredericia)에서 덴마크가 승리한 1849년 7월 이후, 콜은 전투 소식을 한시라도 빨리 듣기 위해 가능한 한 전쟁터 가까이에 있길 바랐고, 그래서 콜은 그의 제자들과 외스터고어 목사와 함께 프레더리시아로 길을 떠났다. 그 여행 중에 그들은 비너레우(Vindelev)에서 어느 작은 자유학교를 방문했다. 이 학교는 신앙과 교육의 자유를 억압하는 '검은' 교구학교에 자신의 아이들을 보내고 싶지 않은 경건주의 교도들인 '강한 윌랜 사람들'이 만든 학교였다. 작은 학교에는 스미스(Smiths)라는 교사가 있었는데, 그는 콜에게 자기네 학교와 같은 학교를 만들 수 있도록 용기를 북돋아 주었다. 하지만 콜은 스미스가 가르치는 내용에서 특별한 인상을 받지 못했고, 그보다는 자신이 더 잘할 수 있으리라 확신했다.

이제 콜은 자신의 학교를 설립하기 위한 일을 시작했다. 프레더리시아 전투 승리에 대한 열광, 절대 군주제에서 대의제로 이행, 그리고 민주 정치 발전의 초석이 되었던 1849년 헌법 제정은 콜에게 사회 전체의 이익을 위해 국가적, 기독교적 각성 운동을 시작할 때가 되었다는 사실을 확신시켜 주었다.

그즈음에 서 윌랜 모임에서 온 비어케델(Birkedal) 목사가 뤼스링에 교회에 부임해 왔다. 콜은 비어케델 목사에게 편지를 보내 목사관에서 사는 아이들을 위한 가정교사 직을 제안했다. 아울러 자질이 있는 마을 청소년들을 위한 2년 과정의 평민대학을 설립할 계획이라고도 썼다. 콜은 자기 학교에서 무엇을 가르칠 것인지 그 내용을 상세하게 구상하면서 비어케델 목사의 허락만을 기다리고 있었다.

비슷한 시기에 코펜하겐에서는 '그룬트비의 친구들 모임'을 중심으로 평민을 위한 새로운 각성 운동을 펼치자는 움직임이 시작되었는데, 이는 대의 정치 제도 도입으로 인한 사회적 변화에 상응하는 준비 작업이 필요하다는 인식 때문이었다. 그리고 전쟁을 겪으며 힘을 얻게 된 애국주의도 이러한 일련의 변화 과정에서 나름 중요한 역할을 했다.

콜의 친구이자 스네드스테드 교원대학에서 가르치고 있던 앨그린은

최초의 가정자유학교 중 한 곳의 내부 모습. 교실은 가정적인 분위기를 갖추어야 한다는 점을 콜은 강조했다.

코펜하겐에서 신학을 공부하고 있었다. 앨그린은 코펜하겐에 있는 그룬트비 모임 회원들 중 민중의 각성을 위한 이념을 널리 퍼뜨릴 임무를 맡길 만한 사람을 찾을 수 없었다. 그래서 그는 비어케델 목사에게 이 일을 맡길 만한 사람을 추천해달라고 요청했다. 비어케델 목사가 콜을 추천한 건 놀랄만한 일이 아니었다. 앨그린은 콜에게 연락했다.

콜은 벤쉬슬(Vendsyssel, 예전에 스미르나 선교사로 갔던 하스 목사가 있던 곳)의 헬스(Hals)로부터 또 다른 제의를 받았다. 그곳의 교구학교에서 교사가 필요했던 것이다.

이런 상황에서 콜은 갑자기 흥미로운 인물로 떠오르기 시작했다. 그 이유는 학교 교육과 평민에 대한 그의 생각이 평민을 각성시키는 데 의미 있으리라는 세간의 평가 때문이었다. 비어케델 목사는 콜이 뤼스링에로 오도록 설득하기 위해 뤼스링에에서 쇠너 펠딩까지 갔고, 콜은 뤼스링에를 선택했다.

콜은 미래에 대한 큰 기대를 품고 뤼스링에에 도착했다. 그는 자기가 계획하는 모든 일이 좋은 목적을 가지고 하는 것이라고 확신했기 때문에 앞으로 하는 모든 일이 잘 될 것임을 전혀 의심하지 않았다. 뤼스링에에 도착했을 때는 앞으로 할 일에 대한 기대만이 있었다. 그에게 의심 따위는 전혀 없었을 뿐만 아니라, 오히려 자신이 꿈꾸는 일을 추동하는 이유를 확신하고 있었다. 그는 자신이 덴마크 평민의 계몽과 각성을 위해 불을 지피는 주도적 촉진자가 될 수 있으리라는 것을 알고 있었다. 또한 자신의 교육 방법에 대해서도 확신을 가지고 있었다. 콜은 이미 오래전부터 '이야기'를 통한 교수법이 듣는 이의 가슴을 울리고, 개인이나 공동체가 행동하도록 할 뿐 아니라 그들이 제각각 직면한 도전들을 맞서 감당해 내기 위해 필요한 용기를 북돋워줄 수 있을 만큼 생생한 경험을 불러일으키는 데 매우 효과적이라는 사실을 알고 있었다.

목사관에서 콜은 비어케델 목사의 자녀와 또 다른 여섯 명의 아이들을 가르쳤다. 여기에 더해 '덴마크 소사이어티'의 한 지부로 평민을 위한 야간학교도 열었다. 야간학교 신입생들을 모집하기 위해 콜은 인근 여기저기를 걸어 다니면서 농부와 상인들에게 학교에 다녀 보라고 권했다. 야간학교는 점점 크게 성공을 거두었다. 문을 연 지 몇 달도 안 되어, 두

반으로 나눠 이틀 저녁을 가르칠 정도로 사람들이 많이 모여들었다. 콜은 외국에서 겪은 경험담을 들려주었고, 잉에만의 소설을 소리 내어 읽어 주었으며, 신화와 영웅들의 이야기(특히 중세 북유럽이나 아이슬랜드에서 전해오는 영웅담을 말함)도 들려주었다. 함께 노래를 불렀고, 대화도 나눴는데, 이 중에서 콜이 가장 중요하게 여긴 것은 바로 대화였다.

이 모든 것들은 1849년 뤼스링에 목사관을 방문했던 스웨덴 사람 에런델(Herman Ehrendahl)의 보고서를 통해 알 수 있다. 덴마크, 독일, 스위스 등지를 여행하면서 스웨덴 이외의 나라들에서 이루어지는 교육과 양육의 문제점들을 주의 깊게 살피던 에런델은 이전엔 전혀 본 적 없는 방식으로 운영되던 뤼스링에 야간학교에서 만난 이상한 사람 콜에 대해 다음과 같이 썼다.

우리는 목사관 마당 한쪽에 자리 잡은 작은 건물로 들어갔다. 껍질이 벗겨진 통나무 다리에 색칠을 하지 않은 나무 탁자 둘레에 아이들 몇 명이 앉아 있었다. 그 아이들 중에는 뜨개질을 하는 열여섯 살 소녀도 있었다. 벽을 따라 소작농과 농부들도 앉아 있었고, 그들 중 몇 명은 담배를 피우고 있었다. 탁자 끝에 스미르나에서 온, 앞서 말한 제책업자인 의장이 앉아 있었다. 그는 덴마크에서 교사 자격시험을 치렀으나 여행이 하고 싶어 동양으로 갔고, 귀향길에 유럽의 몇 나라를 둘러보았다고 했다. 그는 아직은 완전히 꽃피지 않은 천재의 모든 장점과 결함을 모아 놓은 듯한, 뭔가 약간은 부족한 천재였다. 작은 모임 사람들은 일어났고, 비어케델 목사가 나를 소개했다. 그는 청중을 사로잡는 엄청난 능력이 있었다. 여행에서 겪은 여러 경험들을 섞어가며 덴마크의 정치, 문학사, 신화, 지리 등 모든 것을 놀라우리만치 전체적으로 연결해서 강의했다. 청중들, 특히 어린아이들이 끼어들어 질문을 하면, 그는 자신의 생각과 비교할 만한 것들을 곁들여 가며 이야기해 주었다. 이 모임의 목적은 평민대학의 교육 목표와 같았다. 잠자고 있던 조국애를 일깨우고, 공동체의 의미 있는 존속과 발전에 사람들이 참여하도록 계몽시키며, 무엇보다 자신이나 다른 사람이 해야 할 일들을 잘 해내기 위한 기술을 더 많이 배우고 익히도록 하는 것이었다.

에런델은 콜의 가르침이 행동과 사고의 자유로움에 기초를 두고 있었음을 말해 준다. 겉으로 보기엔 분명 아무런 원칙도 없다. 몇몇은 담배를 피우고 있고, 아이들과 여자들도 있었다. 당시에는 흔한 광경이 아니다. 콜은 강의를 하고 있는데 수업 참가자들은 중간 중간 콜이 말하는 의미를 분명하게 알고 이해하기 위해 계속 질문을 해댔다. 그들은 심지어 자기들 생각대로 논평을 하거나 의견을 말하기도 했는데, 당시에는 모두 상규에 어긋나는 것들이었다.

목사관과 야간학교 학생들 가운데 뤼스링에서 온 농부의 아들 라스 프레데릭슨(Lars Frederiksen)이 있었다. 그는 교구학교에서 고통스럽게 경험했던 '죽이는 교육'과, 좋든 나쁘든 간에 자기 인생에 영향을 준 콜과의 만남을 회고록을 통해 증언했다. 교구학교에 대한 그의 기술은 중앙통제식 교육의 결과에 대한 탁월한 증언이다.

이러한 교육은 1814년 이후 주입식 교육, 즉 지식 전달 기능만 있는 암기식 학습 방법 등의 입법 제정을 기본으로 한 것이었다. 이 교육 방식에서 가장 묘한 점은 학교 교육 전체가 지루하고 죽이는 효과가 있다는 것이다. 나 또한 생기 있게 살지 못했을 뿐더러, 깨우침을 받지도 못했다. 그와는 반대로 학교에 다니면 다닐수록 난 내 자신이 점점 어리석어지고 있다고 느꼈다. 나는 오직 지시에 따라 교재를 암기하기만 했을 뿐이다. 그럼에도 나는 질문에 답을 찾아낼 수 없었다. 여기서 물음은 내가 답을 찾아낼 수 없다는 문제였다. 이 물음에 답할 수 없었기에 나는 점점 더 많은 공허함으로 스트레스를 받았다. 그러는 사이 내 마음속에서는 인생의 비밀을 풀고 싶다는 갈망이 더욱 커져만 갔다.

그는 콜의 학교에서 그 "비밀을 풀어 보고자" 했다. 하지만 수확이 없었다. 라스 프레데릭슨은 회고록에서 콜을 향한 무한한 애정과 존경을 드러냈다. 물론 동시에 콜의 문제로 여겨지는 것들도 지적했는데, 그것은 콜의 자만심이나 그가 직면했던 비판에 대한 이해 부족 같은 것들이었다.

콜과 함께 지내면서 라스 프레데릭슨은 존재의 의미를 이해했다. 그것은 사랑과 자유였다. 신의 사랑과 자기 삶을 독립적으로 살아가는 자유 그리고 공동체의 삶에 적극적으로 참여하는 자유였다.

하지만 이러한 깨달음을 실천하는 것은 또 다른 문제였다. 그는 자신의 이 '뜻밖의 깨우침'은 영적 차원에만 머물러 있었다고 고백했다. 일상의 삶에 적용할 수는 없었다는 뜻이다. 그는 이렇게 썼다. "나는 꿈꾸는 것 마냥 돌아다녔다."

제자 중에는 라스 프레데릭슨 같은 사람도 있었지만, 대부분의 제자들에게 콜은 영적으로나 현세적 차원에서 생기 있게 살도록 고취시키는 위대한 영감의 원천이 되었다.

뤼스링에 평민대학

콜과 비어케델 목사 사이에 문제가 없지는 않았다. 콜은 자신이 목사 가족과 결코 동등한 관계에 있다고 생각하지 않았는데, 그것은 그가 이미 스미르나에서 하스 목사 가족들을 통한 경험과 흡사한 것이었다. 하지만 그 관계가 깨지지는 않았다. 교회와 학교 문제들에서 공유했던 자유에 대한 관점이 그러한 불일치보다 더 단단했기 때문이다.

하지만 콜은 목사관의 여러 상황들 때문에 서둘러 자신의 학교를 세우고자 마음먹었다. 당시 콜은 스미르나에서 모은 500리스댈러(Rigsdaler, 당시 덴마크 화폐 단위) 정도를 갖고 있었다. 그러나 이 정도로는 자신의 구상대로 프로젝트를 실현할 수 없었다.

콜은 뤼스링에 집 한 채와 뤼스링에와 에스킬스트룹(Eskildstrup) 사이에 어느 정도의 땅을 봐뒀지만, 경제적으로 좀 더 안정되기까지 감히 살 엄두를 내지는 못했다. 하지만 결국 콜은 나중에 그곳에 평민대학을

뤼스링에에 있는 콜의 평민대학. 이 건물은 현재까지 잘 보존되어 있다.

세웠다.

콜은 코펜하겐에 있는 그룬트비 모임으로부터 재정 지원을 받기 위해 앨그린에게 연락을 했다. 약 일 년 전에 그 모임은 민중의 계몽을 위해 콜이 일을 맡아 달라고 요청했는데, 그들이 나서서 할 수는 없기 때문이었다. 앨그린은 그룬트비에게 콜을 소개했다. 그것은 획기적인 만남이었다. 콜은 자기가 세우고 싶어 하는 생기 있고 계몽적인 평민대학에 대한 생각을 털어놓았다. 두 사람은 젊은이들이 몇 살에 평민대학에 입학해야 교육적으로 가장 큰 효과를 볼 것인가에 대해서는 의견 차이가 좀 있었다. 콜은 견신례(堅信禮, 세례를 받은 후 성장하여 교회의 일원으로 자격을 갖추기 위해 일정한 교육을 거친 후 받는 성사 -옮긴이)를 받는 나이인 열네 살

이야말로 애국심과 영적인 각성에 가장 민감하다는 의견이었고, 그룬트비는 열여덟 살 이전에 학생들에게 접근하는 것은 좋지 않다는 생각이 강했다. 콜은 훗날 그룬트비가 옳았음을 알게 된다.

그룬트비의 독려로 뤼스링에 평민대학 학생 모집을 시작했다. 첫 번째 기부자는 그룬트비와 그의 두 번째 부인 마리에 토프트(Marie Toft)였다.

1849년에 제정된 헌법에 따라, 정부는 필요에 따라 반드시 실험적으로 세워져야 하는 학교 재원을 위해 2,000리스댈러를 따로 책정해 놓고 있었다. 콜은 댈뷔 지역 국회의원인 크리스튼 라슨(Christen Larsen)에게 제안해 교회와 교육 분야 주무 장관인 매드뷔(Madvig)에게 뤼스링에에 세울 평민대학을 위한 보조금 150리스댈러를 요청했다. 보조금은 승인되었고, 학생 열다섯 명이 등록하자마자 바로 지불되었다. 콜은 친구 포울슨 댈을 평민대학 교사로, '평민대학의 어머니'인 학교의 여 사감으로는 자신의 누이 아네(Ane)를 채용했다. 콜의 학교 실험이 현실화되기 시작했다.

한편 댈뷔에 있는 그룬트비 모임에서도 학교 교육과 삶에 대한 콜의 이론을 기반으로 하는 학교 설립에 큰 관심을 보였다. 크리스튼 라슨의 아들이 뤼스링에 평민대학 학생이었기 때문에, 그들은 콜과 가깝게 지냈다. 1851년, 콜이 댈뷔에서 크리스마스를 보내는 동안 그들은 그룬트비 모임의 자녀들을 위한 학교 설립을 콜에게 제안했다.

콜은 동의했지만, 평민대학을 포기한 것은 아니었다. 콜은 댈뷔에서 평민대학과 아이들을 위한 학교 설립 둘 다를 추진했다. 평민대학을 다

학생 둘이 그린 콜의 모습.

닌 제자들은 그룬트비 모임에 모인 사람들을 '각성'시키기 위해 각자의
역할을 다하도록 고취, 계몽되었다. 그 모임 사람들은 자녀 교육을 스스
로 책임지고자 한 이들이었다.

학교 교육에 관한 콜의 사상은 평민 신앙 부흥 운동가 모임(경건주의 등
의 신앙 부흥을 위해 자발적으로 결성된 모임 -옮긴이)에서 빠르게 퍼져 나갔
다. 그들은 교사 채용에 관해 조언을 얻으려고 콜을 종종 찾았다. 콜은 자
신의 살아 있는 관심사 때문에 스스로 원하기도 했지만, 부모가 직접 자
녀를 교육하고 양육하도록 격려할 수 있는 그의 능력 때문에 퓐과 시엘
렌 지역에서 약 100여 개의 자유학교가 설립되는 과정에 직접 관여했다.

자신의 인생 과업으로 불타오른 이 비범한 사람은 사유와 행동의 자유
를 위한 투쟁을 통해 교육과 양육에 관한 덴마크 사람들의 견해에 지대

한 영향을 끼쳤다. 물론 콜 혼자서 이 일들을 다 해낸 것은 아니다. 평민들의 신앙 부흥 운동이라는 비옥한 토양이 이미 많이 존재하고 있었기 때문이다. 하지만 콜의 주도적 행동은 교육에 관한 덴마크 특유의 관점 형성 과정에 매우 중요한 역할을 했는데, 이는 교육과 양육에 대한 책임이 정부에서 부모로 옮겨져야 함을 뜻했다. 그 자유는 부모가 책임지는 위치에서 자신의 아이들을 가르칠 수 있고, 또 그것을 용기 있게 실천해 보며, 그렇게 하리라고 믿는 것을 의미한다. 그러나 정부 당국자들은 이러한 견해를 존중하지 않았다. 왜냐하면 통제와 평가가 주요 슬로건이기 때문이었다. 자유의 개념조차도 헌법을 근거로 해석했다. 학교 교육에 대한 덴마크 사람들의 특유한 관점을 계속 견지하기 위해서는, 부모와 국가 모두 자유라는 이념이 구현되도록 투쟁적 노력을 기울여야 하며, 국제적인 행동으로 인해 경쟁에 뒤처질 것이라는 두려움(경제 세계화 과정에서 소위 '경쟁력'을 강화하기 위한 세계 여러 나라의 교육 개혁 정책들이 초래할 수 있는 위협적 상황 정도의 뜻 -옮긴이) 때문에 규율과 법률 제정이라는 장애물을 세우기 보다는, 정부와 의회의 일꾼들을 선출하는 권한을 가진 부모들이 자기 자녀의 교육과 양육의 책임을 감당할 수 있다는 사실을 정당하게 인식할 필요가 있다.

2장
초등학교에 관한 콜의 사상

카스튼 옥슨배드 Carsten Oxenvad

혁명의 해였던 1789년, 덴마크에서는 '초등학교 개선 위원회'가 조직된다. 이 위원회 위원들은 초등학교 관련 정책과 교육 과정에 대해 25년 넘게 논의를 지속했는데, 이러한 노력은 1814년 초등학교법 제정으로 마침내 결실을 보았다. 이 지난한 논쟁은 크게 두 가지 서로 다른 철학적 관점이 대립하는 데서 비롯됐는데, 어린이를 '경이로운' 존재로 볼 것인지, 아니면 '버릇없는 응석받이' 정도로 여길 것인지, 그래서 어린이 양육과 교육이 '자유로워야' 하는지, 아니면 '엄격해야' 하는지의 차이가 바로 그것이다. 이 두 가지 서로 대립적인 철학적 관점 중에서, 전자(어린이는 '경이로운' 존재이니 그 교육은 '자유로워야' 한다는 생각)의 입장을 가진 대표 인물로는 레븬틀로우(Reventlow) 형제를 들 수 있다. 이들은 학교가 교회로부터 독립해서 좀 더 다양한 내용을 가르쳐야 한다는 신념에 근거해서, 그리고 루소의 자연주의 교육 이념에 따라 학교를 개혁하려고 했다. 그러나 위원회의 보고서에 담긴 내용을 살펴보면, 이들과는 반대편의 입장에 있던, 그룬트비의 삼촌인 밸레(N. E. Balle) 감독의 생각을 강하게 대변하던 보수파들의 입김이 더 강했음을 알 수 있다. 실제로도 위원회 논의 과정에서 주로 채택되는 의견들은 이들 보수파의 것들이었다. 어쨌든 한 가지 분명한 사실은 양쪽 모두 '이성'에 대한 신념이 매우 확고한 '합리주의자들'이라는 것이다.

그런데 당시로서는 상당히 큰 조직이라고 할 수 있는 이 위원회가 하필 1789년이라는 시기에 탄생한 이유가 얼핏 보면 당시 격렬했던 프랑스혁명의 영향 때문이겠구나 하고 생각하겠지만, 사실은 소작농들이 해방되고 봉건적 신분제가 폐지되던 1788년의 '덴마크 상황'이 핵심 원인이었다. 신분 차별이 폐지되고 소작농들이 독립하는 등의 변화는 당시 상황만 놓고 보면 매우 '극적'이라고 볼 수도 있겠지만, 실상은 그런 변화가 일어날 수 있는 여건이 충분히 무르익은 상태였다. 그러면 이런 변화는 도대체 어떤 의미를 함축하는 것일까? 생산성이라는 관점에서 보면, 이런 변화가 초래하는 효과는 마치 옛 동유럽 공산주의 경제에서 농업이 국가 농장, 집단 농장 체제에서 개인 소유 농업 체제로 전환되면서 일어난 영향력과 맞먹을 정도였다. 특히 농장을 개인이 소유할 수 있게 되면서 '생산적일수록 최선'이라는 생각이 노동 계층에 빠르게 자리 잡는 효과가 '덴마크혁명' 때도 나타났음이 분명하다. 하지만 생산성 향상은 본질적으로 더딜 수밖에 없을 뿐만 아니라, 아무리 생산성을 높인다 하더라도 '덴마크혁명'이 참으로 많은 농민들로부터 서서히 그러나 분명하게 각인시켜 준 '잃어버린 인간 존엄성'을 회복시켜 준 것과 같은 의미를 가져다주지는 못했다. 덴마크 농민들은 '덴마크혁명'으로부터 이십 년도 채 지나지 않아 종속적 신분을 벗어던졌고, 사십 년도 채 지나지 않아 정부 구성에서 자신들의 입장을 대변할 수 있는 발판을 마련한다.

당시 학교의 필요성이 사회적으로 뚜렷하게 공감되었을 뿐만 아니라, 초등학교 개선 위원회가 그렇게 지난한 노력을 했음에도, 1814년에 제정된 교구학교에 관한 법령은 위원회가 그동안 그렇게 열심히 애쓴 흔적을 도저히 찾아볼 수 없을 정도 수준에 머물러 있었다. 예를 들어, 1814년 법령은 그저 이런 정도로 서술하고 있을 뿐이다. "어린이를 교육하는 데 있어서, 복음주의 기독교적 가르침과 조화를 이루어 국가에 유익한 시민이 되기 위해 필요한 지식과 기술을 습득하도록 훈육할 뿐만 아니라 선량하고 올바른 인간이 될 수 있도록 양육해야 한다."

물론 당시에도 초등학교 운영 기본 지침이 법으로 규정되어 있긴 했다. 하지만 여기서 문제의 핵심은 교육의 기본 원리라는 것들이 낡고 유명무실했다는 사실이다. 1849년 내각 정부가 들어선 후, 뭔가 근본적인 변화가 필요하다고 다들 분명하게 인식했으면서도 막상 국가도 학교도 아무런 조치를 취하지 않자, 일단의 사람들이 움직이기 시작했다. 바로 '퓌넨(Funen) 교구 문학회' 회원들이 그들이었다. 이들은 1850년에 상금이 걸린 경시대회를 열었는데, 그 대회의 주제는 이랬다. "우리의 조국 덴마크의 격변하는 상황에 대응하기 위해 교구학교 또는 시민을 교육하는 학교에 도대체 어떤 변화가 필요하며, 그러한 변화는 어떻게 가능한가?" 당시 상금의 액수가 200뤼스댈러였는데, 이 금액은 뤼스링에서

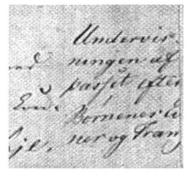

『실재와 진리』 원본 여백에 콜이 쓴 메모
(사진 | 카스튼 옥슨배드)

가정교사를 하면서 자기 생각을 담은 자유학교를 세울 계획을 갖고 있던 콜에게는 매우 유혹적인 수준이었다.

그러면 콜은 대관절 무슨 자격으로 그 대회에 참가했을까? 당시 콜은 신앙부흥운동가들과 관계를 맺고 있었기 때문에 공립학교 교사 자리를 얻을 수 없었고, 당연히 공립학교 교사 경험을 쌓을 기회가 없었다. 그가 공식적으로 내세울 수 있는 '자격'이라곤 교사 자격증과 약간의 가정교사 경험 그리고 어릴 때 직접 받은 학교 교육 경험이 전부였다. 그 뿐만 아니다. 오히려 기존 교육 체제를 변혁하고 삶을 지성화(知性化)하기 위한 그의 노력이나, 하느님은 인간을 있는 그대로 사랑하신다는 그의 확신 같은 것들은 계량화해서 보여줄 수 있는 성질의 것들이 아니기 때문에 그가 공식적으로 내세울 수 있었던 '자격'은 매우 빈약할 수밖에 없었다. 하지만 콜은 이처럼 계량화 · 공식화 될 수 없었던 '자격들'을 바탕으로 1850년 12월 30일 논문을 발표했는데, 그것이 바로 오늘날 『초등학교에 관한 나의 생각』으로 알려진 『실재와 진리 *Truth and Reality*』이다.

콜은 논문의 서론 부분 옆 여백에 "가르침은 아이들의 욕구와 능력에 맞아야 한다."는 글귀를 써넣었다. 오늘날 우리들에게는 매우 당연한 소리로 들리겠지만, 당시 콜의 논문을 심사한 사람들은 이 정도의 글귀만으로도 이맛살을 찌푸렸다. 그들에게는 모름지기 교육은 아이들을 유용한 시민으로 만드는 데 필요한 지식과 기술을 아이들에게 집어넣어야 한다는 분명한 목적이 있었기 때문이다. 이런 상황에서 소위 '어린이의 세기'(the Century of the Child, 스웨덴의 교사이자 평화 운동가이며 전위적인 여성 운동가인 엘렌 케이(Ellen key, 1849~1926)가 쓴 책의 제목으로, 19세기 말에서 20세기 초엽 서구에서 일어난 '개혁교육운동', 즉 어린이의 성장에 초점을 맞춘 자연적 교육과 학교 운동을 점화한 상징적 개념 -옮긴이)가 시작되기 전 그리고 개혁교육학이 시작되기 이미 50년 전에 국가나 지식 등과 같은 추상적인 개념이 아닌, 바로 '어린이'라는 구체적 실체를 학교 교육의 중심에 두려는 생각은 당시로선 획기적이었다. 콜의 논문에서 주목할 만한 문장들이 여럿 있는데, 그 중에서도 특히 다층적인 지적 능력이라든지 차별화된 학습 등과 같은 근대적 개념들을 포함하는 다음 문장은 그 옛날 콜의 생각이 현재의 교육 사상과 얼마나 잘 소통할 수 있는지를 매우 뚜렷하게 보여 준다.

교구학교는 (…) 아마도 (…) 거의 전적으로 이성만을 강조한 채, 감정에 대해서는 부분적으로만 다루는 반면, 인식 능력이라든지 상상력 같은 것들은 거의 완전히 무시하는 실수를 범해왔던 것 같다.

인간의 지성이라든지 감정, 혹은 상상력을 통한, 인간의 주관적, 혹은 자기중심적 해석을 통한 지각 능력이라는 것은 당시의 합리주의적 교리에 전적으로 배치되는 것이었다. 당시의 교리적 생각은 세상의 본질은 세상에 대한 지식을 통해 깨달아야 하고, 모든 행동은 바로 여기에 근거해야 한다는 것이었다. 그리고 만약 어떤 사람이 한 가지 이상의 선택 가능한 행동 상황에 직면하면, 그는 이성을 통해 그 문제를 풀어야 한다고 했다. 그런데 콜은 이와 전혀 다르게 생각한 것이다. 콜은 상상력을 활용했던 것이다! 도대체 콜은 자기 자신을 뭐라 생각했던 것일까? 당시로선 매우 당연한 결과였겠지만, 아무튼 이런 이유로 사람들 사이에서 콜의 생각에 대한 불신은 점점 더 확산되어만 갔다.

하지만 콜에게 상상력이란 결코 지적 오만이 아니었다. 상상력은 모든 이해의 가장 기초가 되고, '이해한다'는 관점에서 볼 때 이성은 감정과 함께 오히려 부분적인 기능밖에 할 수 없다는 것이 콜의 생각이었다. 콜이 말하는 상상력이란 우리가 관심을 갖는 어떤 일에 몰입함으로써 문제를 해결하는 능력이다. 그리고 인간의 이해력 또는 지적 능력을 구성하는 세 가지 요소(이성, 감정, 상상력)에 더하여, 콜은 '실체는 없으나 분명히 존재하는' 직관이라는 네 번째 요소를 덧붙인다. 콜은 1850년의 상황에서 '이성'이 어떻게 감정이나 상상력을 밀쳐내고 권세의 자리에 오를 수 있었는지를 다음과 같이 설명했다.

이런 문제가 생겨난 이유는 아마도 덴마크 사람들이 종교적 자연법의 영향력에서 여전히 벗어나지 못하면서 지적 발달 단계에서 볼 때 '구식(舊式) 사람' 수준에 머물러 있기 때문인 듯하고 (…) 우리 덴마크가 예전에 젊었을 때, 그리고 중세 때까지만 해도 가지고 있었던 따뜻한 감성과 생동감 넘치는 상상력을 더 이상 느낄 수 없는 '구식 나라'가 되어 버렸기 때문인 듯하다. 하지만 이 세상은 스스로 생겨난 것이 아니고, 아주 먼 태곳적부터 존재했던 것도 아니라는 생각을 요람에서부터 아이들에게 주입해놓고선 이제 와서 '원래 어린애들에게는 희끗한 턱수염이 있다'고 말하는 것은 좀 심한 억지인 듯싶다.

이해력의 기초인 이성, 감정, 상상력에 대한 이렇듯 새로운 인식에 더하여, 콜은 아이에서 성인에 이르기까지의 인간 발달을 고대에서부터 현재에 이르기까지의 인류 발달 과정과 비교했다. 도대체 콜은 어디서 이런 혼란스럽기 그지없는 발달 이론 더미를 가져왔을까? 바로 그룬트비다! 주로 그룬트비로부터 온 것들이다! 사실 발달 이론 차원에서 보면 실없는 소리 정도로밖에 들리지 않을 수도 있겠지만, 그룬트비의 생각은 이성이나 연구의 영역이 아닌, 시(詩)라든지 직관의 영역에 속하는 것이기 때문에 그만큼 더 주목할 만한 가치가 있다. 그룬트비는 옛 유대인들이나 그리스인들, 고대 북유럽 사람들의 신화에 참으로 환상적인 비전이 담겨 있다는 사실을 발견했다. 그 신화들은 중요하거나 사소하거나에 관계없이 모든 것들을 진심어린 말로 표현하고 있으며, 가장 숭고한 것들도 간결한 언어로 이야기하고 있다. 마치 어린이들이 그러는 것처럼 말이다. 이에 비해 수도원이 많이 생겨난 중세 시기는 인간 발달 과정의 청년기 때처럼 풍부한 감정이나 강렬함 같은 것들을 떠올리게 한다. 그런데 불행히도 합리주의 시대에는 삶에 대한 이런 태도가 자연스럽게 형성되지 않고 강요되었다는 데 문제가 있다. 마치 성인기의 삶이 아동기의 꿈이나 청년기의 풍부한 감성에 기초하는 것이 좋긴 한데, 그렇다고 해서 반드시 그래야 한다고 강요할 때와 같은 문제 말이다.

바로 이같은 상황에서, 삶에 대한 그룬트비의 시적(詩的) 전망은 콜의 생각을 이해하는 데 큰 도움을 준다. 그러나 무엇보다도 중요한 것은 하느님의 사랑에 대한 콜 자신의 확고한 신념인데, 이를 콜의 언어로 표현하면 '직관적 사실(intuition)'이라고 할 수 있다. '하느님의 사랑'과 같은 주제는 오늘날 교육 영역에서 논쟁거리가 된 적이 거의 없는데, 이는 아마도 우리가 이성에 지나치게 의존하기 때문인 것 같다. 그리고 하느님을 아는 것이 참으로 어렵다는 사실을 깨닫게 하는 것 역시 우리의 이성임이 분명하다. 그렇지만 이렇듯 이성에만 집요하게 의존하면 결국 "원래 어린애들에게는 희끗한 턱수염이 있다."는 믿음을 갖게 될 가능성이 있음을 콜은 그 누구보다도 잘 알았다. 콜이 이런 깨달음을 얻게 되기까지는 어린이들에게 하느님의 존재를 이성을 통해 인식시키려 했던 수많은 실패가 있었는데, 바로 이런 실패들이 콜의 생각을 훨씬 명확하게 만들어 줬다.

이처럼 콜이 살던 때의 시대정신은 영(spirit)을 부정하고 이성을 숭배하는 합리주의였다. 이러한 이성 숭배 풍토는 교회에까지 스며들어가 하느님을 가장 고차원적인 이성으로, 예수를 소크라테스로, 예수의 설교를 도덕적 교화로 바꿔 버린다. 물론 극단적인 이성 숭배는 그 당시에도 종교적인 것으로 간주하지는 않았다. 하지만 그러한 판단조차도 이성에 근거했다는 점에서 어느 정도가 극단적인지를 판단하는 것 자체가 결코 논리적일 수 없었다. 그런데 당시 합리주의를 이해하고 좋아할 수 있었던 이들은 지적 엘리트 집단 소수뿐이었으며, 인구의 절대 다수였던 농부들은 합리주의 성향을 전혀 가질 수 없었다. 몇 세기 동안 농부들은 지적으로나 물질적으로나 가난 속에서 살아왔으며, 따라서 당연히 그들의 삶에 이성이 영향을 줄 여지란 전혀 없었기 때문이다. 아니, 이렇게 표현하는 것이 더 좋겠다. 킹고(Thomas Hansen Kingo, 1634~1703, 바로크 시대 덴마크 시의 최고봉이자 위대한 찬송가 작가 -옮긴이)와 브로르손(Hans Adolph Brorson, 1694~1764, 덴마크 경건주의자로 감독이며 위대한 찬송가 작가 -옮긴이) 성가만큼 그들의 삶을 잘 표현한 것이 없다고 말이다. 그들의 삶에는 기쁨과 슬픔은 늘 함께 있고(킹고, 1681), 그들은 아주 작은 풀잎 하나에도 경이로워 하지만 그 놀라운 느낌을 표현할 능력이 없는(브로르손, 1734) 것이다. 그들이 할 수 있는 유일한 일은 하느님은 참으로 위대하다며 할렐루야를 외치는 것뿐이었다. 그런데 그들의 이런 삶의 방식도 그들의 아이들이 밸레 감독의 교재로 문답식 교육을 받으면서 큰 시험에 들게 된다. 다음은 밸레 감독이 직접 실례로 들어 설명한 학습법의 한 예이다.

밸레 감독이 만든 교재 원본

(사진 | 카스튼 옥슨배드)

"자, 이제 여러분은 교재의 본문을 잘 읽어 보세요. 그리고 내가 하는 질문을 잘 듣고 대답할 수 있는 사람은 대답해 보세요. 대답할 때는 질문에 맞는 정확한 단어들을 사용해서 한 문장씩 대답해야 합니다. 자 그러면, 인간의 가장 보편적 타락을 우리는 어디서 발견할 수 있을까요?"

(한두 명의 학생이 바로 대답한다.)

"인간의 보편적 타락이 어디서 발견되느냐면요…"

"그래요, 어디서 발견되지요?"

"건전하게 성찰하기 위하여 이성을 사용하지 않고 있다는 데서요."

"사람들이 뭘 사용하지 않는다고 했지요?"

"자기 이성요."

"무엇을 위해서 이성을 사용해야 하는데 그 이성을 사용하지 않는다는 것이지요?"

"건전한 성찰이요."

"그러면 건전한 성찰을 위해서 자기의 이성을 사용하지 않는 일이 어떻게 일어나는 거지요?"

"감각적 쾌락만을 자극하는 세속적인 것들에 대한 부적절한 욕망이 그들의 영혼 속에서 매우 강력하게 힘을 발휘하기 때문입니다."

"그들의 영혼 속에서 강력한 힘을 발휘하는 것이 뭐라고 했지요?"

"부적절한 욕망이요."

"그들은 부적절한 방식으로 뭘 갈망했지요?"

"세속적인 것들요."

"어떤 세속적인 것들이지요?"

"감각적 쾌락만을 자극하는 것들이요."

"왜 이런 욕망들이 그렇게 강력한 힘을 발휘할 수 있는 것일까요?"

1866년, '그룬트비의 친구들 모임'의 한 집회에서 콜은 밸레 감독의 이런 정신 나간 학습 방법에 대해 다음과 같이 말했다.

내가 학교에서 아이들을 어떻게 가르쳐야 하는지를 깨달은 때가 바로 그 시기였다. (…) 암기식 교육은 늘 시간이 많이 걸린다. 내가 참 좋아한 여자아이가 있었는데, 그 아이는 매사 이해하는 것이 더뎠다. 다른 아이들은 각자 해야 할 분량의 공부를 빨리 끝냈는데도 그 여자아이도 함께 나갈 수 있을 때까지 밖에 나가 놀지 못했다. 그 여자아이는 읽다가 울다가, 또 읽다가 다시 울었다. 내가 어릴 때 집에 돌아와서 어머니와 함께 공부할 때 꼭 그랬다. 그때 우리 어머니는 "애야, 이제 책 읽는 건 그만하자꾸나. 그렇지 않으면 다 소용없어지겠다."라고 말씀하셨고, 나도 마아른이라는 이름의 그 여자아이에게 어머니의 이 말씀을 그대로 해 줬다. 그러곤 생각했다, 우리 아이들이 암기식 학습으로 이처럼 고통 받는 것이 진정 하느님의 뜻인지를 말이다. 나는 그것이 하느님의 뜻이라곤 도저히 인정할 수 없었다. 왜냐하면 하느님은 궁극적으로 모든 인간을 사랑하시기 때문이다. 그리고 또, 암기식 학습을 통해 하느님을 사랑할 수 있게 할 수나 있을까? 결코 그럴 수 없다고 나는 확신한다. 자 그러면, 이런 암기식 학습은 도대체 무슨 소용이 있다는 것일까? 굳이 찾자면, 견진례를 받는 데 도움이 되는 것 같다. 하지만 견진례를 위해 다른 방식으로 공부할 수는 없을까? 왜냐하면 우리가 지금 하고 있는 짓이 너무 두렵기 때문이다. 그래서 나는 이 문제와 참으로 열심히 씨름해 왔다. 그러나 아무리 큰 곤경에 처해졌더라도 진심을 다해 구하면 성령께서 답해 주신다. 하느님은 나에게 말씀하셨다, 아이들이 암기해서 배워야 할 내용이 있거든, 그것을 아이들에게 이야기로 들려주라고, 마치 옛날이야기를 들려주듯 그렇게 이야기해 주라고 말이다. 이런 생각이 들자, 내 안에는 엄청난 기쁨이 생겨났고, 내일이라도 당장 실행에 옮기고 싶은 마음에 그날 저녁과 밤 그리고 아침까지의 시간이 '영원'처럼 길게 느껴졌다. 만일 그 기나긴 밤 시간을 돈을 써서 없앨 수만 있다면 얼마든지 써서라도 지금 당장 실행에 옮기고 싶어 안달이 났다. 만약 나의 이 생각이 옳다면, 이는 마치 우리가 세상의 모든 부(富)를 다 손에 쥔 것이나 다름없기 때문에 돈을 써서 할 수 있는 일이라면 얼마를 쓰더라도 상관없다고 생각한 것이다. 아무튼 내 안에서 이런 생각이 떠오른 순간, 아르키메데스가 그랬던 것처럼 나도 밖으로 뛰쳐나가 소리를 지를 뻔했지만 참았다. 나는 그리스인이 아니라 윌랜 사람이니까. 그래서 참았다가 그 다음날 아침, 나는 즉시 아이들에게 성경 구절들을 이야기 방식으로 말해 줬고, 아이들은 이야기 듣기를 좋아했다. 그런데 여전히 남는 문제는 그 아이들이 견진례 시험을 보기 위해 한 사람씩 앞으로 불려 나왔을 때 자기가 들었던 성경 이야기를 기억할 수 있는가 하는 것이다.

그랬다. 아이들은 자기가 들은 성경 이야기를 기억했다. 그러면 도대체 왜 콜은 당시 공인된 교재를 굳이 안 쓰면서 큰 어려움을 자초했을까? 당시 덴마크 사회는 교육 방법이나 생각이 통제되고 그 어떠한 유형의 반항도 용납되지 않던 군주 시대였는데도 말이다.

여기서 당시 콜은 시대의 '반항자'로서 유일한 사람이 아니었다는 사실에 주목할 필요가 있다. 바일레-호르슨스(Vejle-Horsens) 지역에 사는, 강인한 성격의 윌랜 섬사람들은 콜보다 훨씬 일찍부터 종교의 합리주의적 가르침에 반대해왔으며, 특히 콜의 논문이 나오기 몇 년 전 이미 그룬트비는 「종교적 신앙이 진실로 학교 교육에 중요한가?」라는 논문을 썼다. 그 논문에서 그룬트비는 "결코 중요하지 않다!"라고 분명하게 답을 내렸다. 그룬트비의 이런 생각이 법령을 통해 제도화되기까지는 백 년이 넘는 시간이 걸렸지만 말이다.

콜의 이야기 교육 방식은 당시에 참 '골칫거리'였다. 어떤 말이라도 일단 입 밖으로 나오면 무슨 일이 일어날지, 또 그렇게 말하는 것이 좋은지를 누가 어떤 자격으로 보장할 수 있는지 등의 쉽지 않은 문제들이 일어

『크리스튼 콜이 들려주는 이야기 *Christen Kold Narrates*』라는 책에 나오는 삽화. 이 삽화는 자유학교의 한 학생이 그렸는데, 1866년 당시 코펜하겐에 있는 '베네뫼데트(그룬트비의 친구들 모임)'에서의 콜을 묘사한 것이다.

나기 때문이다. 아무튼 콜의 교육 방식은 당시 정부 당국에게는 심각한 위협이었다. 그것은 당시 '쓰기에 관한 규칙'을 재구성하는 표준에 대해서 뿐만 아니라, 르네상스 이래로 표준이 되었던 모든 것에 대한 일종의 '반항'이기 때문이었다. 하지만 쓰기와는 달리, 이야기 방식은 매우 자유로울 뿐만 아니라 통제 자체가 가능하질 않았기 때문에, 콜의 이야기 교육 방식은 단지 교수법의 개혁을 넘어 학교 교육에 인간성이라든지 영(spirit) 등과 같은 요소를 불러들일 수 있는 여지를 만든 것이다.

그러면 도대체 '실재'라든지 '진리' 같은 것들을 어떻게 학교에 끌어들일 수 있단 말일까? 콜 스스로는 진정한 가르침이 무엇인지를 판단할 수 있는 기준을 제시할 수 있었을까? 그랬다. 콜은 진실한 교육은 어린이의 능력이나 욕구 수준에 부합해야 한다고 말한다. 그에 따르면, 어린이의 상상력을 자극할 수 있을 뿐만 아니라 민중의 혼(魂)이 스며들어가 있어야 진정한 교육이다. 진실한 가르침은 민중의 일상적 전통이나 가치와도 조화를 이룰 수 있어야 한다. 그런데 오늘날 같으면 사람들은 도대체 이런 것들을 어디서 어떻게 찾는단 말인가 하고 쉽게 회의(懷疑)했겠지만, 콜은 확신했다. 구약 성서나 그리스 신화, 노르웨이 신화, 홀베어(Holberg), 바게슨(Baggesen), 외얼렌슐레거(Oehlenschläger), 잉에만(Inge-mann) 등의 내용이 모두 그 당시 사람들이 삶의 궁극적 의미를 무엇이라 생각했는지 그리고 삶에서 추구할만한 가치가 있는 것들이 무엇이라 여겼는지 등에 대해 이야기해 주고 있다고 믿었던 것이다.

그러면 읽기, 쓰기, 산수 등과 같이 학교에서 가르치는 일반 과목들은 별 쓸모가 없다는 말인가? 콜이 강조하고 싶었던 핵심은 어떤 아이가 배울 준비가 되어 있는지를 결정하는 것은 그 아이의 능력과 욕구여야 한다는 사실이었음이 분명하다. 이는 그가 "내용이 형식보다 먼저 습득되어야 한다."고 말한 대목을 통해서도 알 수 있는데, 이 말은 어린이는 일단 배울 마음이 생기면 그런 과목들은 매우 빨리 배울 수 있다는 뜻이다.

문제는 그런 일반 과목들의 내용을 기계적으로 습득하는 행위를 학교 교육의 주된 목적으로 삼아 버렸다는 사실이다. 만약 우리가 "교육의 진정한 목적은 덴마크 사람들로 하여금 분별력 있는 안목을 갖게 하고, 자기가 원하는 사랑과 열망과 삶을 살 수 있게 하며, 각자 자신의 최선의 능력에 따라 자신에게 도움이 되고 또 자신을 지상에서나 하늘에서나 기

쁘게 해 줄 수 있는 기술과 자립 능력을 갖게 하는 것이다."라는 사실을
깨닫기만 한다면, 우리 모두에게 진정으로 유익할 것임이 분명하다.

가장 오래된 자유학교 중 하나인, 퓌넨(Fu-
nen) 쇠딩에(Sødinge) 소재 자유학교에 세워
져 있는 콜 조각상. (사진 | 라스 토르킬 비예른)

3장
초등학교에 관한 나의 생각

크리스튼 미켈슨 콜 Christen Mikkelsen Kold

크리스튼 콜은 1816년 덴마크의 티스테드에서 구두 제조공의 아들로 태어났다. 콜은 교사가 되고 싶었고, 그 꿈을 이루기 위해 열심히 노력했다. 하지만 덴마크의 공교육 체제에서는 안정적이고 지속적인 일자리를 구하지 못했는데, 이는 콜이 무엇이 효과적인 학교 교육인지에 대해 당시 주류 교육관과 대립되는 견해를 가지고 있었기 때문이다. 콜은 이곳저곳에서 야간학교 교사나 가정교사 생활을 수년간 열심히 하다가 뤼스링에 직접 평민대학을 세운다. 그리고 일 년 후에는 퓌넨에 어린이를 위한 자유학교를 설립한다. 이들 평민대학이나 자유학교의 취지에 점점 더 많은 사람들이 공감하면서, 콜이 사망할 때쯤에는 오덴세에서 가장 큰 평민대학의 실질적 지도자의 위치에까지 오르고, 또 덴마크 전역에도 널리 알려지게 된다. 그때 그의 나이는 54세였다. 콜은 자신에게 큰 영감을 준 그룬트비와 함께 평민대학의 아버지로, 동시에 자유학교운동의 선구자로 평가받고 있으며(덴마크에서는 보통 자유교육 사상의 기초를 놓은 그룬트비는 어머니로, 이를 실제 확산시킨 콜은 아버지로 불림 - 옮긴이), 그만큼 덴마크 공교육에도 심대한 영향을 주어왔다. 하지만 콜의 영향력은 지금까지보다도 앞으로 더 커지리라 기대된다.

크리스튼 콜은 문필가는 아니다. 그는 글이 아니라 자신의 실천적 삶을 통해, 자신의 '살아 있는 세계'를 통해 우리에게 영향을 준다. 콜이 남긴 책이라곤 딱 한 권 있는데, 『초등학교에 관한 나의 생각』이라는 소책자가 바로 그것이다.

콜이 이 소책자를 쓰게 된 계기는 어린이를 위한 교육에 관한 최고의 논문을 완성하고자 함이었는데, 이 작업은 '퓌넨 교구 문학회 협회'의 후원을 받았다. 콜은 자신의 글을 1850년 12월 30일에 완성해 제출했지만 막상 그 자신은 이 소책자를 손에 쥐어보지 못했다. 그가 사망한 후인 1877년에 출간되었기 때문이다. 콜의 글은 30쪽 분량인데, 이 편집본에서는 초고의 마지막 부분, 주로 1850년 당시 상황을 다룬 몇 문장을 뺐음을 밝히며, 독자들이 읽기 쉽도록 초고의 어투를 현대적으로 바꿨다.

이제 여기에 오늘날 덴마크 교육의 밑돌이자 현대 덴마크 교육에 관한 시의적절하고 날카로운 비판서이며, 덴마크 교육의 미래를 위해 영감을 줄 수 있는 기록을 이해하기 쉬운 형태로 내놓는다.

라스 스크리버 스뷘슨(Lars Skriver Svendsen)

어린이의 욕구와 능력에 기초한 교육

우리 초등학교 교육이 거의 절대적으로 어린이의 이성에 대해서만 관심을 보인 채, 감성에 대해서는 약간만 그리고 지각력이나 상상력은 완전히 도외시하고 있는 현실은 확실히 문제가 있다.

이런 문제는 일차적으로는 덴마크 사람들이 정신의 자연 발달 단계 상여전히 '구식(舊式) 사람'의 지적 수준에 머물러 있다는 사실에서 비롯된다. 그리고 우리 덴마크 사람들과 사고 습성이 크게 다르지 않은 독일의 영향도 한몫했음이 분명하다. 이는 고지식하기로는 우리 덴마크 사람들과 막상막하인 독일 사람들이 덴마크 사람들에게는 당시로서는 낯설고 이질적이었던, 이성적으로 숙고하는 습성을 우리의 정신세계로 빠르게 스며들도록 영향을 주었다는 뜻이다. 이처럼 우리 덴마크가 구식의 사고방식에 갇혀 우리나라가 청년기 때, 심지어는 중년기 때까지도 가지고 있던 생동감 있는 상상력과 따뜻한 감성을 더 이상 품을 수 없는 지경에 이른 것은 엄연한 현실이 된 듯싶다. 하지만 아무리 지금 상황이 그렇다 하더라도, 우리 아이들에게 이 세상은 스스로 창조된 것이 아니라는 둥, 이 세계는 아주 오랜 옛날로부터 이어져 온 것이 아니라는 둥의 말들을 귀에 못이 박히도록 주입해서 고리타분한 생각을 갖게 만들어놓고선 "원래 어린애들에게는 희끗한 턱수염이 있다."고 억지를 부리는 것은 아무래도 좀 심하다.

종교 교육에서 널리 이용되는 교리문답식 방법은 사실 우리에게 이질적이고 부자연스러운 방식이다. 이는 수습 교사들 중에는 그저 평범한 수준의 업무를 하는 데 필요한 기본 실력을 갖춘 사람이 거의 없는 반면, 이미 교직에 진출한 정식 교사들 중에는 교리문답식 교육 방법 같은 것은 아무 미련 없이 외면한다는 사실만으로도 쉽게 증명된다. 그런데 이런 잘못된 교육 방식이 낳은 참으로 불행한 결과는, 사람들이 결코 증명될 수 없는 것을 증명하려 한다는 사실이다. 교리문답식 사고방식에 익숙해진 사람은 어린이라면 자기의 상상력으로 쉽게 이해할 수 있는, 특히 어린이다운 순진무구한 '믿음'만으로도 쉽게 이해할 수 있을 증거들을 결코 이해할 수 없게 된다는 사실이 정말 문제인 것이다. 아무튼 이런 방식으로 사람들은 개념들을 교리문답식으로 해체해서 없애 버렸기 때문에 이제 남아 있는 개념은 거의 없게 되었다.

우리의 교육은 어린이의 능력을 거의 고려하지 않았다. 어린이라면 누구라도 충만해 있는 상상력을 활용할 생각은 않고, 아직 충분히 발달하지 않은 지적 능력에만 의지해 가르쳐 온 것이다. 그런데 이와 같은 잘못은 아마도 애들은 아직 동물 상태를 완전히 벗어나지 않았기 때문에 훈육을 통해 인간을 만들어야 한다는 의식적 또는 무의식적 편견에서 비롯한 바가 큰데, 바로 이런 오해가 모든 어린이 안에 내재된 능력들을 그저 격려하고 발전시켜만 줘도 훌륭한 교육이 가능하다는 생각을 하지 못하게 만들었다.

나는 그토록 체계적인 교리문답식 교육 방식이 독일이나 다른 나라 사람들에게 맞다 안 맞다 말할 수 있는 입장에 있지 않다. 다만 적어도 우리 덴마크 사람들에게는 전혀 좋은 교육 방법이 아니라고 분명하게 말할 수 있다. 우리 조상들이 어떻게 '계몽(enlightenment)'되어 왔는지, 어떻게 지혜를 깨닫고 또 전수해 왔는지를 생각해 보라. 그것은 바로 '이야기' 방식을 통해서다. 그들은 이야기 방식을 통해 효과적이고 즐겁게 '계몽'될 수 있었다. 우리는 조상으로부터 어떠한 제도나 철학적 유산도 물려받지 못했다. 하지만 그리스인들이나 유대인들을 예외로 한다면, 조상의 업적과 관련해 그 어떤 다른 나라보다도 풍부한 '이야기'를 가지고 있는 나라가 바로 우리 덴마크다. 그리고 특히 신의 세계나 인간의 세상에 대해 우리 조상들이 가졌던 생각들이 우리에게 '이미지'로 전해지고 있는데, 이 '이미지'라는 것은 상상력으로 형상화된 것이기에 상상력을 발휘해야 그 진가를 음미할 수 있다.

우리 아이들이 어떤 방식으로 '계몽'되고 싶어 하는지 알 수 있는 쉬운 길이 있다. 그들에게 그냥 물어보면 된다. 그러면 아이들은 한목소리로

작업실에서 학생들이 물방울 모양의
장식을 만들고 있다. 에어데 자유학
교(Lille Egede Friskole)에서 크리스마
스를 주제로 수업을 하고 있는 사진
인데, 교사와 학생들뿐만 아니라 부
모도 함께 참여하고 있다. (사진 | 클
라우디 클라우슨)

"이야기해 주세요!"라고 대답할 것이다. 우리가 어렸을 때를 생각해 보
라. 아이들을 진심어린 사랑으로 돌보셨던 자원 교사들 대부분이 때로
는 종교적 내용을, 때로는 거인과 난쟁이가 나오는 전설을 '이야기'로 들
려주지 않았던가! 내가 어릴 때 '이야기'를 들으면서 마음에 아무런 부
담이 없이 했던 공부는 즐거웠을 뿐만 아니라 효과도 있었기 때문에 여
전히 내 마음속에 가장 소중한 추억으로 남아 있다. 그런데 오늘날 학교
현장에 만연한, 교사들의 위압적인 미소와 살을 에는 듯한 냉소는 나의
그 아름다운 경험을 더 이상 기대해서는 안 될 것으로 만들어 버렸다.

열매를 보면 그 나무를 알 수 있는 것처럼, 계몽되었다는 것 또는 교육

받았다는 것을 그 교육을 통해 갖게 될 '삶에 대한 전망'으로 알 수 있는 것이라면, 오늘날 만연한 교육 방식 또는 계몽 방식은 베어 넘어진 나무와 같다고 할 수 있다. 마치 베어진 나무처럼 불쾌하고 짜증나고 쓸모없는 것처럼 보일 때보다 삶이 더 우울해 보이는 경우는 없기 때문이다. 한 아이가 와서 우리에게 자기 삶의 수수께끼에 대해 질문했고, 우리는 그 아이의 삶을 이리저리 조각조각 내서 들여다보곤 결국 아무런 이야기도 해 주지 못했을 때, 자기 삶의 수수께끼에 대해 좀 더 크고 깊이 있는 '신비로운 이야기'를 듣기 원했던 그 아이가 크게 낙심하고선 우리에게 더 이상 아무런 기대도 하지 않게 되고, 심지어 자기 삶의 수수께끼에 대한 관심조차 완전히 포기해 버린다고 해도 그리 놀랄 일이 아니지 싶다.

그래서 내가 하고 싶은 말은 이렇다. 교리문답식 교육은 그 방법이 가장 효과를 볼 수 있는 곳에만 쓰라는 것이다. 가령 수학이나 기하학, 간단한 계산 등과 같이 명확한 해법이 가능한 경우 말이다. 그러나 성서나 자기 조국의 역사를 가르칠 때 그리고 사람들을 시민 공동체 나아가 영적 공동체의 일원으로 성장하도록 지원하려는 목적의 교육들에서는 내 자신의 경험으로 보더라도 '이야기' 방식만큼 쉽고 확실하게 효과적인 것이 없다고 나는 믿는다.

그러므로 옛 동화나 이야기들, 설화, 북유럽 전설들은 이제 그 의미와 가치를 제대로 평가해야 한다. 지난 몇 세기 동안 우리 덴마크에 그리고 우리 덴마크 사람들의 삶 속에 본성처럼 전해 내려오는 심오한 시적(詩的) 기질은 다음 세대의 마음에도 불러일으켜지고 공유되어야 한다. 그렇게 하지 않으면, 그런 기질은 지루해진 삶 때문에 또는 광폭하게 일고 있는 물질주의나 관능적 육욕(肉慾)에 밀려 조만간 사라질 것이기 때문이다. (물론 지금 우리 사회에서 회자되는 초기 설화와 이야기들 중에서 많은 것들이 이런 목적을 실현하는 데 적합하지 않다는 사실을 부인할 생각은 없다. 그런데 이는 그런 이야기들이 우리의 제한된 이해력을 넘어서는 수준의 것들은 무시해 버렸거나, 심지어 성스러운 것들을 조롱하는 내용도 있기 때문이다. 하지만 사실 그런 류의 이야기들은 외국에서 건너온 것들로, 덴마크 사람들 고유의 기질을 담고 있지 못한 것들이다. 아무튼 이런 현상이 생겨난 것은 한편으로는 덴마크 사람들의 얼이 잠들어 있기 때문일 것이고, 또 다른 한편으로는 저속한 통속성이나 지식 만능주의 경향 그리고 모든 것을 타락시키는 욕망 등이 심지어 기독교 안에서조차 힘을 발휘하는 지경에 이르렀기 때문일 것이다. 이런 세태에서는 어떤 유형의 민족적인 얼도 살아남을 수 없을 뿐만 아니라, 결국 어떤 '의미 있는 중요한 것'도 '아무 것도 아닌 것'이 되어 버리고 만다.)

"들판에 억지로 끌고 가야 하는 동물과는 멀리 가지 않는다"는 속담이 있다. 학교에 억지로 끌고 가야 하는, 아니 실제로는 학교생활 내내 끌고 다녀야만 하는 아이들과 과연 우리가 얼마나 멀리 갈 수 있을지 의문이 든다. 가르치는 일이 피곤하고 지루한 일로 여겨진다면 그것은 가르치는 일이 끝없는 반복적 일이 되어 버렸거나(사실 대부분이 이 경우다), 교육이 어린이의 능력 범위를 훨씬 벗어난 목표를 세웠기 때문인데, 어느 경우에 해당되든 그런 교육은 아무런 효과가 없다.

분명 우리는 사람들에게 '실용적인 것은 언제나 지루하고 따분한 것'

이라는 편견을 심어 주느라 참으로 엄청난 공을 들여왔던 것만 같다. 하지만 일상의 경험을 돌아보면, 그런 노력이 아무런 소용이 없었음 또한 분명하다. 우리 청소년들이 견진례를 받자마자 그 '지겹도록 유용한' 지식들을 교정 벤치 아래 처박고선 이렇게 말한다. "하느님, 이 지긋지긋한 것들로부터 자유롭게 해 주셔서 정말로 감사합니다!" 그리고 또 이런 말도 조심스럽게 내뱉는다. "아, 이제 드디어 숨 좀 쉴 수 있겠구나!" 참으로 안타깝게도, '유용'이라는 이름이 붙은 것이면 그 무엇이든 경멸할 정도로, 신물 날 정도로 힘들게 배운 그 '지겹도록 유용한' 지식이 막상 그 교육을 받은 사람들의 실제 생활에 아무런 흔적도 만들어 내지 못하는 것이다.

종교 교육에 대하여

종교는 성서에 나오는 이야기들을 구술로 가르칠 때 가장 유익하고, 어린이는 즐겁게 배울 수 있다. 그리고 바로 이런 이유에서, 성서를 조직적이고 철학적이며 교리문답식으로 가르치는 방법은 '이야기'를 들려주는 방식으로 대체되어야 한다. 만약 교사가 시인(詩人)의 기질을 갖고 있다면 (사실 이런 기질이 없는 사람은 덴마크 어린이들을 가르치는 교사가 되어서는 안 된다.) 매우 섬세하고 생생하게 표현할 수 있다는 전제 아래, 그가 들려주는 이야기는 아무런 의심도 받지 않고 잘 받아들여질 것이다.

그러면 아마도 이쯤해서 일곱 살에서 여덟 살 사이의 어린이들을 대상으로 이야기를 어떻게 풀어나가야 하는지 그 실제 방법을 보여 줄 필요가 있겠는데, 말로 하는 것을 종이 위에 옮기는 데 한계가 있다는 전제 아래, 내가 직접 야훼께서 아브라함에게 나타났을 때의 이야기를 한번 해 보도록 하겠다.

어느 더운 여름날이었어요. 아브라함은 천막 옆에 있는 큰 나무 아래 앉아 있었는데, 그 나무의 신선하고 풋풋한 잎사귀들이 내리쬐는 따가운 햇볕을 가려 줬지요. 햇볕이 얼마나 강렬했냐면, 아브라함이 살던 그곳은 지금 우리가 살고 있는 이곳보다 훨씬 더 뜨거웠어요. 햇볕이 가장 따가운 때가 정오인데, 정오를 막 지난 시간이라 아브라함의 가족들은 모두 그 뜨거운 햇볕을 피해 쉬고 있었고, 사라도 천막 안에 있었지요. 아브라함도 나무 그늘 아래서 턱에 손을 괴고 앉아 쉬고 있었지만, 그 순간에도 역시 아브라함은 하늘에 계신 주님을 묵상하고 있었습니다. 그래요, 아브라함은 언제나 주님 생각뿐이었지요. 그러니까 아브라함의 가장 친한 친구가 주님이고, 또 주님의 친한 친구가 아브라함이었던 것이지요. 아무튼 그렇게 나무 그늘 아래서 잠시 쉬면서도 아브라함은 주님께서 자기에게 허락하신 풍성한 복에 대해 생각하고 있었나 봐요. 수많은 낙타, 소와 양들, 마므레의 멋진 집, 사랑스런 아내 사라, 그리고 무엇보다 아브라함 자신이 자주 경험한 하느님 아버지의 사랑과 같은 복들 말이에요. 사람이 그렇잖아요, 여러분도 자기의 보물을 어디에다 놔두면 늘 그곳만 생각하게 되지요? 아브라함도 똑같았어요. 아브라함도 자나 깨나 자기 보물창고인 하느님만 생각했어요. 그리고 그렇게 늘 하느님 생각만 하면서 사니까, 당연히 하느님께서 아브라함에게 하셨던 "아브라함아, 너의 자손들로 인해, 모든 세상이 축복을 받을 것이다."라는 약속을 한순간도 잊지 않고 살 수 있었던 거지요. 아, 그래요, 그렇게 아브라함의 영적인 눈은 활짝 열렸고, 아브라함의 가슴은 결코 헛된 말을 하지 않으시는 하느님에 대한 어린아이 같은 순진무구한 믿음으로 언제나 두근거렸어요. 그런데 그들 부부 사이에는 아직 자식이 없었을 뿐만 아니라 아내 사라는 애를 가질 수 없을 정도로 이미 나이가 많이 들어서 이제 아브라함을 마지막으로 아브라함 집안의 대(代)가 끊길 지경이었지요. 그럼에도 아브라함은 아직은 자기 종인 엘리에셀을 자기의 후계자로 삼아야겠다는 생각을 하고 있지는 않았어요.

하지만 필요한 것이면 무엇이든 주시는 하느님께서도 사실은 아브라함을 쭉 지켜보고 계셨던 거예요. 아브라함이 잠을 자다가 눈을 떴을 때 세 명의 낯선 사람이 자기에게 다가오는 것이 보였어요. 그때 아브라함에게는 여러 가지 생각이 들었지요. 저들은 도대체 누굴까? 뭐든 태워버릴 듯이 뜨거운 이 길을 걸어서 여행하는 저들은 도대체 뭐하는 사람들일까? 어쨌든 저들은 이미 먼 길을 걸어온 사람들일 테니(아브라함 가족이 사는 데가 근처의 가장 가까운 마을로부터 몇 마일 떨어진 곳이거든요.) 집으로 초대해서 마실 물과 먹을 것을 대접해야겠지 하는 생각을 하면서 일어나서 그들을 맞이했지요. 아브라함은 그들에게 다가가서 자기 이마와 가슴에 손을 대면서 몸을 구부려 인사를 건넸어요.(이게 그 당시의 인사법이랍니다.) 그런데 이 낯선 이방인들과 대화를 하면서 아브라함은 곧바로 깨달았어요, 자기가 지금 하느님의 가까운 친구 분들을 영광스럽게도 손님으로 맞이하고 있다는 사실을 말이죠. 그 분들이 "그 분께서 우리에게 말씀하고 계실 때, 아, 우리 가슴이 마치 불덩이처럼 뜨거워지지 않았던가!" 하는 이야기를 서로 주고받는 것을 들으면서, 아브라함은 '이 분들이 바로 엠마오로 가는 예수님의 제자들이구나!'하고 생각한 것이지요. 그러니까 그때까지만 해도 자기 앞에 나타난 그 세 이방인이 사실은 예수님과 두 천사라는 사실을 전혀 몰랐던 거예요. (사실 먼지로 만들어진 하찮은 미물인 사람이 어찌 우리 같이 작은 것들에 대한 하느님의 그 크신 사랑을 온전히 이해할 수 있을 것이며, 또 그럼에도 하느님께서는 우리의 아주 작은 문제들까지도 걱정하시며 근심과 슬픔으로부터 우리를 구원하시려고 독생자 예수 그리스도를 우리에게 내려 보내셨다는 사실을 어떻게 진실로 이해할 수 있겠습니까! 그렇게, 천사도 동반하지 않고 홀로 우리에게 내려오신 주님께서는 온갖 모욕과 조롱을 당하시다가 끝내는 당신께서 구원하고자 하셨던 바로 그 세상에 의해 처형을 당하셨던 것입니다.)

아브라함은 그 분들을 천막으로 모셔와 사라에게 서둘러 빵을 굽도록 했어요. 여러분도 알겠지만, 그때 그곳 사람들은 매일 식사로 빵을 구워 먹었거든요. 그 귀한 손님들을 대접하기 위해서 사라가 빵을 굽는 동안 아브라함은 서둘러 살찐 송아지 한 마리를 잡았어요.

아브라함은 이 세 귀한 손님과 나무 그늘 아래 앉아 담소를 나눴는데, 이야기는 놀랍게도 그 세 분이 오시기 전에 아브라함이 생각하고 있었던 것으로, 그러니까 아브라함이 지금까지 하느님으로부터 받은 그 모든 축복을 이어받을 후계자 문제로 넘어간 거예요. 아브라함이 말했어요, "주님, 어찌 이리 큰 축복을 주셨나이까? 주님은 당신께서 저에게 허락하신 이 큰 축복을 이어갈 후손이 없는 걸 잘 아십니다. 그러면 제 종인 엘리에셀이 저의 뒤를 이어도 좋겠습니까?" 그러자 주님께서 대답하셨지요, "아브라함아, 네 종이 아니라, 내가 너에게 보내 줄 네 자식이 너의 후계자가 될 것이니라." 아브라함은 그 말씀을 철석같이 믿었고, 그 말씀을 그렇게 확고하게 믿은 것이 결코 창피한 일이 아니라는 것이 나중에 드러났지요. 반면, 사라는 그 지역의 다른 여인네들이 그래야 했던 것처럼 남자들이 이야기하는 자리에 절대 낄 수 없었기 때문에 그 손님들 중 한 분이 주님이라는 사실도 전혀 알 수 없었지요. 하지만 아들이니, 유산이니, 후계자니 하는 문제들은 사라에게도 매우 중요한 관심거리라 문 쪽으로 몰래 다가가서 귀를 대고 주님의 약속을 엿듣게 됩니다. 사라는 "에고머니나, 저 양반은 내가 아직도 젊은 줄 아나 보네! 내가 이렇게 쭈글탱이 할망구라는 것을 알면 아마도 저 양반 금방 생각을 바꾸겠지."라고 속으로 생각하며 웃었지요. 그런데 어떻게 됐지요? 사라의 이런 불신이 오히려 창피한 꼴이 돼버렸잖아요. 주님은 당신의 약속을 믿지 못하는 그런 약한 믿음을 좋아하지 않으시지요. 그래서 사라를 불러 "사라야, 너는 왜 속으로 비웃고 있느냐? 하느님께 가능하지 않은 일이 있더냐? 내가 일 년 후에 다시 올 텐데, 그때

너는 무릎 위에 네 아들을 안고 있을 것이다." 말씀하시자, 사라도 마침내 그 약속을 진심으로 믿게 되었답니다.

이렇게 써 놓고 다시 읽어 보니 여전히 글이 딱딱하고 문어체 느낌을 많이 풍긴다. 실제로 어린이들 앞에서 어린이의 언어로, 어린이 수준에 어울리게 구연하듯이 표현해야 했는데, 아무래도 그 맛을 제대로 살리지 못한 것 같다.

이야기는 다양한 나이의 어린이들을 대상으로 진행해도 상관없다. 이야기는 듣는 아이들의 수준에 따라 그에 맞는 방식으로 정신적 영양분을 줄 수 있기 때문이다. 이해력이 뛰어난 아이는 그만큼 잘 이해할 수 있어서 좋고, 이해력이 좀 떨어지는 아이들에게도 이야기 내용 자체가 재밌어서 그리고 그 이야기가 머릿속에 그려 주는 형상이 재밌어서, 그래서 이야기 듣기는 어린이라면 누구에게도 언제나 즐거운 경험이 된다. 어린이는 뭔가 정신적인 활동에 몰입하는 것을 참 좋아한다. 그러나 아무거나 다 좋아하는 것이 전혀 아니기 때문에 잘 선택해야 한다. 예를 들어, 어린이의 특성에 전혀 어울리지 않게 철학적인 것이라든지, 어린이 수준에서 쉽게 소화시킬 수 없는 내용은 절대 금물이다. 그런데 이런 생각에 이론(異論)이 있을 수 있는데, 예를 들어 어릴 때는 지적 능력보다는 상상력이나 감성 능력이 훨씬 더 풍요롭게 발달하기는 하지만, 아무리 그렇다고 하더라도 어린이에게도 지적 능력이 있는 이상 상상력이나 감성 능력을 계발하는 수준만큼은 아니더라도 일정 정도 지적 능력 계발을 위해 노력해야 한다는 주장이 그것이다. 이런 주장을 하는 사람들에게 들려주고 싶은 대답은 이렇다. 정말로 어린이의 **지적 능력**을 성공적으로 계발하고 싶으면, 반드시 **상상력과 함께** 계발하라고. 그렇게 하지 않으면 어린이에게 어떤 개념이 형성되더라도 그 개념들은 마치 죽은 것처럼 완전히 무기력할 것이라고. 이를 '양육'(養育, upbringing)이라는 개념을 예로 설명하면, 양육은 무언가를 **들어 올리거나**(lifting up) **끌어올리는 것**(elevating) 또는 가장 낮은 수준에서 가장 높은 수준으로, 지상에서 천상으로, 자기애로부터 공동체 사랑으로 고양시킨다는 뜻이라고 설명한다고 하자. 양육에 관한 이런 식의 설명 방식은 하나하나 낱낱이 교리문답식으로 교육할 때와는 달리, 양육에 대한 훨씬 명확한 관점과 마치 살아 숨 쉬는 듯 생생한 개념을 가르칠 수 있을 것이다. 물론 감성 능력이나 상상력으로도 잘 이해할 수 없는, 오로지 영적인 눈으로만 그 실체를 조금씩 **'느끼면서'** 파악할 수밖에 없는, 그 의미가 매우 '깊고 난해한' 개념들도 있다. 그런데 이런 것들은 덴마크어가 본질적으로 '시적(詩的)'인 속성을 갖고 있기 때문에 생겨난 개념들로서, 사실 우리 덴마크 사람들에게는 오히려 매력적인 개념일 뿐만 아니라, 이런 개념들은 어린이들이 독립적인 사고를 하도록 도움을 준다는 점에서 전혀 문제될 것이 없다. 반면, **산수**는 정답을 얻을 때까지 정확한 순서에 따라 답을 계속 찾아가야 한다는 **점에서** 지적 능력 계발에 크게 도움이 되기 때문에, 교리문답식 교육 방식으로도 얼마든지 재미나게 산수를 가르칠 수 있다. (하지만 현재 우리나라에서 시행되는 기계적인 산수 교육은 합리적인 산수 교육을

학생들이 양초를 만들고 있다. (사진 | 클라우디 클라우슨)

완전히 뒤틀어버린 것에 다름 아니다.)

　문답식으로 가르치는 것을 하나의 예술 형식으로 본다면 물론 그에 걸맞은 존중을 받아야 한다. 어린이를 자기 의지에 거슬러 자신의 감정이 이끄는 것과 정반대로 행동하도록 하는 것이 얼마든지 가능할 수 있다는 것, 문답식 교사는 그저 뒤로 빠져서 지켜볼 뿐 탐구심을 가지고 질문에 대해 차근차근 논리적 답을 찾아나가면서 결론에 이르는 주체는 어린이 자신이라는 것, 이 과정에서 어린이가 길을 잘못 접어들면 문답식 교사는 어린이의 주체적 탐구 행위를 방해하지 않을 정도로 단지 약간만 개입함으로써 그들 스스로 오직 **교사** 혼자만 알고 있는 '제자리'를 찾게 돕는다는 것, 그래서 어린이가 그 좁고 험난한 과정을 자기 지적 능력으로 헤쳐 왔다는 자부심을 그리고 어린이 당사자와는 전혀 관계없이 설정된 목표를 마침내 달성했다는 즐거움을 느끼게 해 주는 것, 이런 것들은 얼마나 듣기 좋은 말들인가! 사실 어린이에게는 논리적 사고력이 형성되어 있지 않으며, 그래서 그들의 지적 능력이 어느 정도는 이런 과정을 통해 발달할 수 있으리라는 것은 누구도 부정하기 어려울 것이다. 하지만 예술 형식으로서 문답식 교육이 이런 효과를 얻으려면 문답식 교사가 다른 예술 영역의 장인들이 보여주는 수준에 도달해야 한다는 사실에 주목할 필요가 있다. 즉, 문답식 교육을 예술 차원에서 수행할 수 있으려면 교사는 순발력 있게 사고하고, 판단력이 뛰어나야 하며, 깊은 논리적 사고력도 갖춰야 한다. 이런 능력들을 모두 갖춘 교사라 하더라도 실제에서는 문답식 교육이 목표한 교육 효과를 거둘 수 있는 사람은 그들 중 특별하게 탁월한 소수뿐일 테지만 말이다.

이렇듯 듣기 좋은 장점을 가진 문답식 방식은 빼기나 더하기를 가르치는 것이 목적이면 모르겠지만, 어떤 개념들을 **소개**하거나 아직 알려지지 않은 것에 흥미를 갖고 생각을 형성하도록 돕기 위한 교육에는 적합하지 **않다**는 것인데, 문제는 어린이에겐 후자의 교육이 정말 중요하다는 사실이다. 일반적으로 어린이가 할 수 있는 생각의 폭은 좁고 제한적이기 때문에, 초등학교는 상상력을 활용해서 어린이의 생각과 경험의 폭을 넓고 깊게 함으로써 삶이 일어나는 중심 공간인 가족에 대해 좀 더 명확한 개념을 형성하고 가족생활이 지속되는 데 필요한 것들을 경험하도록 도와줘야 한다. 여기서 주의할 점은, 눈으로 볼 수 없는 것들에 대한 개념을 형성할 때는 처음부터 상상력에 기초해야 한다는 사실이다.

처음에는 한 부분씩 시작해서 나중에는 전체적으로 들려주는 '성서 이야기'는 어린이의 종교적 자아를 형성하고 신장시키는 데 매우 효과적인 방법이 될 것이다. 그리고 억지로 시키지 않고 어느 부분을 할지 어린이 스스로 결정하게 한다는 전제 아래, 이야기 방식에 성서의 시편 암송을 곁들인다면 견진례를 볼 수 있는 나이가 될 때까진 어린이의 신앙이 잘 발달할 수 있으리라고 믿는다.

평민 계몽

일반 대중의 기독교적 신앙생활에 별로 의미 있는 영향을 주지 못하고 있다면서 현행 학교 제도를 비난하는 사람들이 있다. 그런데 이러한 주장의 근저에는 학교라는 것은 모름지기 국가를 위해 존재한다는 생각(이런 관점에서 본다면, 우리의 정체성은 아마도 '국민'이 될 텐데)이 깔려 있다. 아무튼 현행 학교 제도에 대한 이런 관점의 비판은 뭔가 대단한 것으로 여겨졌는데, 과연 그 정도로 무게감이 있는 문제 제기인지에 대해 몇 가지 따져볼 점들이 있다. 예를 들어, 사람들의 정신이 생명력 넘치고 통찰력 있는 의식 수준으로까지 고양되지 않는다면 어떻게 기독교적 신앙생활이 가능할 수 있겠는가! 또 일반 대중에게 자신의 특성적 기질을 가르침으로써 자신을 이해하고 자기 계발을 하도록 돕지 않는다면, 일반 대중이 선조들의 삶과 애정 어린 연대감을 형성함으로써 현재의 삶이 분

절적이고 난해한 파편적인 것이 되지 않고 과거와 현재가 서로 연결되어 덴마크 사람들의 멋있는 삶을 형성할 수 없다면 그리고 우리 덴마크 어린이들의 가슴속에서 선조들의 찬란한 성취들이 살아 숨 쉬게 할 수 없다면 어떻게 국가를 위한 교육이 가능할 수 있겠는가! 어릴 때부터 조국의 자랑스러운 이야기를 듣고 자란다면 어린이들은 가슴 벅찬 경험을 하게 될 것이며, 이렇게 어린이의 영혼에 각인된 상상(想像)들은 성인이 된 후의 행동에 이로운 영향을 줄 것임은 확실하다. "어렸을 때 배운 것은 나이가 들어서도 결코 잊어버리지 않는다."라는 말에는 참으로 중요한 시사점이 담겨 있다.

플룸(Plum)이나 안톤 유스트(Anton F. Just) 같은 사람들이 쓴 교재들처럼 우리가 어릴 때 엄청 고생하며 씨름했던 책들 대부분은 '보편적으로 유용한 지식'을 담고 있다는 느낌을 강하게 준다. 그런데 과연 그런가? 가령 그런 책들에서 '중류층 친구들', '소작농 친구들'이라는 개념이 쓰이고 있는데, 아니 중류층과 소작농 모두가 동시에 친구라니, 그렇다면 이처럼 아무나 다 친구가 되는 사람의 '적(敵)'은 도대체 어떻게 생겨 먹었을까? "영어란 모든 언어를 솥에 넣고 끓여 최고의 것을 걸러 낸 것"이라는 말이 있는데, 이 비유를 그대로 '보편적으로 유용한 지식'에도 적용할 수 있을 것 같다. 여러 영역의 지식들을 섞어찌개로 끓여 낼 수 있는 최고의 맛이란 거두절미된 지루하고 생기 부족한 '보편적으로 유용한 지식'이라고 말이다. 그리고 다 타서 잿더미가 된 땔감 속으로 그냥 던져 버려도 시원찮을 이런 형편없는 잡탕 찜을 일반 대중에게 최고로 맛있는 요리라고 소개하면서 먹고, 마시고, 즐기라고 하다니! 그런데 다행히도 어린이는 천성적으로 얼마나 현명한지! 동물은 먹을 수 있는 것과 소화시킬 수 없는 것을 본능적으로 알듯이 어린이도 소위 '보편적으로 유용한 지식'이란 것들이 자신에게 결코 도움 되는 것들이 아님을 본능적으로 안다. 그래서 해콘 아델스튼(Hakon Adelsten)이 그랬던 것처럼, 아이들 손에 강제로 독이 든 잔을 쥐게 할 수는 있을지언정 그것을 억지로 마시게 할 수는 없는 것이다. 어린이들은 학교가 뭘 가르치든 아랑곳 않으며, 하루 종일 학교에서 생활하며 듣는 말들 가운데 가장 행복을 느끼는 말은 "이제 집에 갈 시간입니다!"이다.

학교에서 가르치는 엄청나게 많은 지식들 가운데 조국의 역사에 대한 내용도 간간이 섞여 있긴 한데, 거의 다 조악하게 설명된 근대사 중심이고 그것도 주로 재미없는 부분들을 암기식으로 가르치는 실정이다. 어린이들이 가장 흥미를 느낄 수 있는 근대 이전 선조들의 삶에 대해서는 전혀 '이야기'해 주지 않으면서 말이다. 우리는 보배로운 역사적 유산을 담은 품격 있는 출판물들이 많다는 사실에 자부심을 가지고 있음에도, 막상 삭소 그라마티쿠스(Saxo Grammaticus, 12~13세기에 활동한 덴마크의 역사가, 신학자, 작가. 그가 지은 최초의 덴마크 역사서는 세계사에서 기념비적 저술로 평가된다. -옮긴이)의 책이 덴마크 일상어로 번역되어 각 학교에 배급됐음에도 전혀 쓰지 않을 뿐만 아니라, 외얼렌슐레거(Oehlenschläger)의 『북유럽의 신들 *Nordic Gods*』도 가르치고 있지 않다. 더구나 북유럽 신화는 사람들에게 잘 알려져 있지 조차 않다. 교사들 중에서도 북유럽 신화를 잘 알고 있는 사람은 극히 적으며, 알고 있다 하더라도 그 진가를 마음에 새긴 교사는 더욱 찾기 힘들 지경이다. 그런데 진정 우리 아이들이 학교에서 북유럽 신화를 읽어 볼 필요가 없는 것일까? 우리 선조들의 세계관이 왜 이토록 우리 후손들에게 무가치하게 여겨질까?

물론 어린이들에게 과도하게 읽기를 강요하면 상당한 부작용이 일어날 수 있다. 사실 책을 읽는 것만으로 충분한 교육이 된다면 굳이 교사가 필요할 이유도 없을 것이며, 교사 한 사람을 고용하는 데 드는 비용으로 그만큼 책을 사면 될 일이다. 그러나 책 읽기를 통한 배움은 좀 더 나이든 사람들에게나 적합한 방식이다. 그리고 책 읽기를 통해 배울 수 있는 힘은 이야기를 통한 배움의 시기를 거치면서 형성되기에, 이야기 듣기의 시간을 충분히 갖지 않으면 책을 통해 배우려는 의지도 생겨나지 않을 수 있다.

이쯤에서 앞에서 종교 문제를 다룰 때 말한, 성서를 이야기로 가르쳐야 하는 이유를 다시 상기해 보자. 어린이들에겐 성서처럼 조국의 역사도 이야기 방식으로 가르쳐야 한다. 특히 초등학교에 막 입학한 학생들에겐 더욱 그렇다. 이야기로 들려주는 것은 창조주께서 직접 모범이 되어 구현해 보여 주신 '자연스런' 교육 방식이다. 왜냐하면 참된 가르침이라면 모름지기 생기를 불어넣어주는 힘이 있어야 하는데, 이야기로 들려주는 방식이야말로 귀로 들은 것을 '자연스럽게' 가슴에 닿게 해 줄 수 있기 때문이다. 실로 '살아 있는 말', 즉 '이야기'만이 정신을 일깨울 수 있을 것이며, 일단 정신이 깨어난 이후래야 '쓰인 말', 즉 '책'을 통한 인

··· 그리고 크리스마스의 특별한 즐거움 (사진 | 클라우디 클라우슨)

위적인 계몽 교육이 어떤 교육 효과라도 내게 될 것이다.

그런데 신화나 전설을 생동감 있게 해석하고 소화해서 어린이들에게 상상력을 불러일으킬 수 있는 방식으로 이야기해 주려면 교사에게 무엇보다도 시적 감수성이 필요하다. 사실 성서 이야기의 시작 부분도 내용으로나 형식으로나 '시적'이지 않은가! 5, 6세 정도의 어린이들은 신화나 전설 이야기 듣는 걸 무척 좋아할 것이다. 한 번은 여덟 살 아이가 이야기를 들으면서 "아, 눈을 감으니까 모든 게 다 보이네요!"라고 소리친 적이 있다. 그래서 신화나 전설, 잉에만의 역사 소설들, 홀베어의 희곡, 바게슨의 익살스런 설화들, 외얼렌슐레거의 비극 또는 성서에서 뽑은 이야기를 들려주거나 읽어 주면 굳이 어린이들을 억지로 학교에 보내려고 생고생을 하지 않아도 될 텐데. 조심스런 이야기지만, 현재 학교 교사들 중 대부분은 이따위 것들을 학교에서 읽어 주는 것은 완전히 정신 나간 짓이라며 열심히 이마에 십자가 성호를 그어델 것이란 걸 아주 잘 알고 있다. 그러나 다행히도 교사들이 다 그렇지는 않아서, 매우 탁월한 몇몇 교사들은 외얼렌슐레거 글의 진가를 이해하고 사랑하여 자기 가족들에게 먼저 읽어 주기도 하는데, 단지 이야기가 재밌어서가 아니라 그 이야기들을 통해 뭔가 영감을 받기를 바라는 마음에서 그렇게 하는 것이다. 호머의 『일리아드』가 그리스의 문명화에 얼마나 커다란 영향을 끼쳤는지를 보라! 우리나라의 시(詩)라고 해서 그런 정도의 영향력을 갖지 말라는 법이 어디 있겠는가! 이에 대해, 내용의 일부분을 뜯어서 들려주거나 읽어 주기 전에 이야기의 기본 골격을 먼저 학습해야 한다는 반론이 있다. 하지만 정신이 깨어나지 않았는데 도대체 지식이라는 것이 무슨 소용이 있을 수 있단 말인가! 때가 되면 정신도 각성될 것이라고 자위하는 사람도 있는데, 지식이 정신을 깨우는 일은 일어나지 않을 것임을 우리는 경험적으로 안다. 오히려 정신이 깨어나야 필요한 지식을 얻을 수 있는데, 소위 '**성인(聖人)들**'이 이를 분명하게 증명해 준다. 성인들은 수많은 성직자들이 그토록 애달프게 갈망했던 기독교 신앙에 대한 지식을 학교를 다니지도 않고, 다른 사람에게서 특별한 도움을 받지 않고서도 깨우쳤으니 말이다.

종교적 관점에서 보든 일반 대중 입장에서 보든, 정신이 먼저 깨어나야 한다. 이를 달리 표현하면, 삶을 위한 능력이 지적 능력보다 먼저여야 한다. 아니면 최소한 이 둘은 같이라도 가야 한다. 바로 이 사실을 깨달아야, 아니 깨달을 때만이 학교는 그토록 오랫동안 열망했던 교육적 결실을 맺을 것이다. 아무튼 이야기 방식의 교육은 조만간 초등학교에서 책 중심의 교육 방식 못지않은 위상을 갖게 될 것이다. 마치 초상화(책 중심 교육) 옆에 실제 초상화 주인공(이야기 방식 교육)이 살아 서 있는 모습처럼 말이다. 만약 어린이들에게 **종교적이고 기독교적인 삶을** 일깨워 줄 목적이라면 인류의 '시작 단계 이야기'로서 창세기나 출애굽기가 그리고 기독교적 신앙생활의 '시작 단계 이야기'로서 사도행전이 매우 적절할 수 있으며, 목적이 우리 아이들에게 민족정신을 불러일으키는 것이라면 풍요로운 상상을 자극하는 북유럽 신화 이야기가 가장 좋은 대안일 수 있다.

종교적 의미에서든 민족정신에서든 일단 정신을 일깨우는 데 성공한다면(모든 아이들의 정신을 깨울 순 없겠지만 그래도 분명 몇몇 아이들은 가능할 수 있다.) 나머지 작업은 저절로 이뤄져서, 우리가 그토록 오랫동안 갈망해왔건만 도달할 순 없었던 계몽에 대한 꿈을 지금 현재의 초등학교 체제로도 얼마든지 실현할 수 있을 것이다. 그리고 이런 상황이 되면, 굳이 이야기 방식이어야 하는지 책을 통해서야 하는지 논쟁할 필요도 없이 지식을 통한 영적 성장이 분명히 눈에 띄게 나타날 것이다.

조국의 역사와 성서를 이야기 방식으로 가르치는 것은 초등 교육의 핵심 과제로서 전체 교육 과정에서 실천되어야 한다. 단, 반복적으로 되풀이하는 단조로운 방식이어서는 절대 안 된다. 초등 교육에서 지루함은 꼼짝달싹 못하게 끼이지 않도록 늘 조심해야 하는 바윗돌 같은 것이기 때문이다. 이야기해 주는 시간도 처음엔 어린 청중들이 집중할 정도만 하는 것이 좋다. 그리고 이야기 내용이 최근 현대사일수록 성경의 신화나 전설 또는 구약의 창세기 등을 이야기해 줄 때만큼 재밌어하지 않는다. 이야기 수업이 한 바퀴 순환하고 두 번째 수업 회기에서는 구약의 시편 내용을 운율을 살려 이야기해 주면 좋고, 선조의 역사에 대해 가르치려면 외얼렌슐레거의 『북유럽의 신들』이나 잉에만의 역사 소설들, 삭소의 책 중 일부분 등을 포함하여 어린이들에게 적절하다고 생각되는 내용을 이야기해 주면 된다. 그리고 약간 변형된 수업 방식으로, 성서 이야기를 성서를 보면서 아이들에게 직접 '읽어' 줄 수도 있는데, 고학년들은 생생하게 서술된 덴마크 역사책(뮐러I. C. Müller의 『덴마크 역사 History of Denmark』 같은)이나 성서 이야기책(라스무스 쇠렌슨Rasmus Sørensen의 『성서 이야기 Bible-stories』 같은)을 직접 읽어도 좋다. 농부의 자녀 경우에는 12~13살까지는 혼자 읽기가 어려울 수도 있는데, 이때는 스스로 읽을 힘이 생길 때까지는 모든 수업을 구두(口頭)로 진행해야 한다. 구두 수업을 솜씨 있고 생생하게 진행하기만 하면 재미가 생겨서 나중엔 말하지 않아도 어린이들 스스로 읽기 시작할 텐데, 이때 크게 소리 내어 읽으라고 강요해서는 안 된다. 어린이는 자신이 원하는 것을 자신이 원하는 만큼 편안한 마음 상태에서 읽는 것이 중요하다.

세 가지 능력: 읽기, 쓰기, 셈하기

이야기 수업이 초등학교 교육 과정의 절반 정도 비중을 차지한다면, 그 나머지 반은 읽고, 쓰고, 셈하는 세 가지 능력의 함양이다. 그런데 지금은 이 세 가지 기초 능력을 가르치는 것이 교육 과정의 모든 게 되었다고 말할 수밖에 없을 정도로 비중이 커져 버렸다.

하지만 이 세 가지 능력은 그저 정신 작용을 돕는 수단에 불과하다는 점에서 그렇게 크게 가치가 있는 것은 아니다. 지금까지 우리는 모든 덴마크 어린이들이 어떻게 해야 책을 읽을 수 있게 되는지에 대해서만 주로 고민해왔는데, 사실 읽기 능력 계발을 통해 혜택을 볼 수 있는 어린이는 많지 않다는 게 문제다. 대체로 어린이들은 정신이 충분히 성장하지 못한 수준이 일반적인데, 정신이 충분히 깨어나지 않은 상태에선 아무리 성능 좋은 도구를 가지고 있다 하더라도 별 소용이 없기 때문이다.

그럼에도 우리는 집과 학교에서 물질주의와 감각주의 영향력이 커지는 것에 대해선 아무 걱정도 하지 않으면서, 정신에 대한 이야기라면 그 무엇이든 공허하다고 생각하게 된 지경에까지 이르렀다. 그리고 이런 분위기에서, 결국 우리 아이들이 '하얀 종이 위의 검은 글자들'을 기적처럼 정복하게 되리라는 강한 믿음이 퍼져나간 것이다.

이처럼 덴마크 학교들이 어린이들의 정신을 일깨우는 일은 하지 않겠다는 입장을 가지면서 학교에서는 기계적인 활동이 만연하고 이 세 가지 능력은 학교가 전력투구해서 이뤄야 할 가장 중요한 목표로 자리 잡

왔다. 한 나이든 여인이 가야 할 곳과 반대 방향으로 여행하면서 "갈 길이 너무 머네!"라고 말했듯이, 학교가 가야 할 방향과 거꾸로 가면 목표를 이루는 것도 그만큼 늦어지게 된다.

사실 읽기 수업에 집중하는 대신 이야기 방식의 수업을 통해 어린이의 능력을 계발하는 노력을 먼저 했더라면, 아마도 어린이들이 읽기 기술을 습득하기가 그리 어렵지 않았을 것이다. 경험적으로 보면, 성인의 경우 하루 두 시간 정도씩 한 달쯤 배우면 읽기 기술을 습득할 수 있다. 그래서 나도 열네 살 남자아이에게 한 달간 읽기를 가르쳐 봤다. 그런데 놀랍게도 네 시간 만에 글자를 인식하기 시작했고, 그 아이는 들었던 이야기 내용이 그대로 책에 쓰여 있는 것을 보고 놀라워했다. 그 아이는 자기가 이미 아는 이야기가 글로 쓰여 있는 책을 유창하지는 않지만 매우 잘 이해하면서 읽었다. 그런데 이와 정반대의 경우도 있었다. 간혹 실수는 했어도 정확하게 발음하면서 읽기를 꽤 유창하게 하는 아이였는데, 자기가 읽은 것을 전혀 이해하지 못한 것이다. 이런 식의 '이해 없는' 읽기는 너무나 지루해서 오히려 읽는 사람의 정신을 갉아먹음으로써 어린이들에게서 생명력을 고갈시키고 우리가 계몽이라고 부르는 것을 혐오하게 만들며, 그 결과 다시는 그런 수업에 참여하고 싶어 하지 않게 만든다.

실제가 이러함에도 우리는 읽기 능력 안에 배움의 모든 비밀이 묻혀 있기라도 한 것처럼 어린이들에게 읽기를 가르치려고 조바심을 내고 있다. 우리 아이들의 정신적 발달이 충분히 이뤄지기도 전에 읽기부터 서두르는 것이다. 하지만 읽기 능력은 학교 교육의 맨 마지막 단계에서 이

교실에서 수업에 집중하고 있는 어린이 (사진 | 클라우디 클라우슨)

뤄져야 한다는 것이 나의 믿음이다. 이것이 여러 가지 장점도 있을 뿐만 아니라 읽기 능력을 습득하는 가장 자연스런 방법이기 때문이다.

전체적으로 보면 덴마크 사람들의 읽기 능력은 충분히 발달하지 못했는데, 이는 그들이 삶을 살아가면서 읽기 능력을 활용해 이익을 볼 수 있는 것이 현실적으로 거의 없기 때문이다. 그들은 일상에서 책을 통해서가 아니라 자신이 걷고 있는 인생의 길을 먼저 걸었던 사람의 실제 삶의 경험에서 도움을 받는다. 예를 들어, '농촌생활협회(The Society of Rural Housekeeping, 농촌생활협회는 영국에서 영감을 받아 1769년에 설립된 단체이다. 협회의 목적은 농부나 장인 등이 새로운 방법과 기술을 습득하도록 격려하고 지원하기 위함이었다. 협회는 국가의 관심과 병행하여 상을 수여해 직업의 전문성을 신장하고자 했다. 지도층은 저명한 공직자나 목회자, 공직자와 지주로 구성된 모임으로 이루어졌다. 협회는 숙련된 농부 양성을 위해 그들을 격려하고 신장시키는 과정에서 농업에 초점을 맞추게 되었다. 당시 협회는 농업의 실제를 위한 교육 제공자 역할을 감당했으며, 현재까지 존속하고 있다. 올해로 250주년을 맞는다. 이 책의 편저자 비어테 룬은 많은 농부들이 이 협회의 영향을 받았고, 콜은 이런 이유로 협회가 시행하는 교육을 탐탁지 않게 여겼다고 평가했다. -옮긴이)'에서 나온 책을 읽어 본 농부는 극소수일 것이다. 대부분의 농부들은 자기 스스로나 다른 농부들의 경험에서 실질적인 도움을 받는다. 또한 읽기를 배운 농부라고 할지라도 그들 가운데 절반 이상이 몇 년 지나지 않아 읽는 법을 완전히 잊어버리는 것이 현실이다. 입학 전에 엄마가 아이에게 읽기를 가르치는 경우라면, 안타깝게도 어린이의 성장 과정에서 중요한 영향을 줄 수 있는 전문성을 갖춘 엄마가 거의 없기 때문에 그런 엄마들이 개인적으로 가르친 것이니 읽기 능력을 제대로 길러 주지 못했다고 해서 아이들의 귀한 시간을 낭비했다고 비난할 것까지는 없다. 그러나 정식 교육 기관인 학교의 경우는 다르다. 전문성을 갖추지 못하고 정신적 발달도 충분히 성숙하지 않은 사람이 교사 노릇을 하는 경우가 아니라면, **학교에서의 시간**은 어떤 이유에서든 그런 식으로 낭비되어서는 안 된다.

물론 일반인들 가운데 정신적 차원의 문제를 이해할 수 있는 사람은 극히 소수라는 것은 누구나 아는 사실이며, 확신에 차서 신앙생활을 하는 성직자들이라 해도 크게 다르지 않다. 농부의 경우도, 역시 극소수만이 선거 유세 연설 내용을 이해할 수 있을 뿐이다. 현실이 이렇기 때문에,

그것이 설교든 선거 유세든 평범한 수준의 강론이나 연설을 이해할 수 있을 정도로 정신적 능력이 계발되지 않은 경우에는 절대로 읽기 수업을 서두를 이유가 전혀 없다는 나의 주장이 결코 섣부른 결론이 아니라고 굳게 믿는다. 그리고 같은 맥락에서, 나는 자연스럽게 귀로 듣고 이해할 수 있는 것이 아니라면 인위적으로 쓰인 글을 읽고 이해하는 것은 더욱 가능하지 않으리라고 확신한다.

우리가 이런 식으로 읽기와 쓰기를 가르치면서 7년(당시 초등 교육은 7년이었음 -옮긴이)을 허송세월하는 것을 지금이라도 멈추고 입으로 말하고 귀로 듣는 자연스런 방식(누구라도 본능적으로 이해할 수 있다는 의미에서)의 교육을 하면 '좀 더 빠르고 안전하게' 우리의 목적지에 다다를 수 있다. '더 빠를 수 있는 것'은 이미 준비되어 있기 때문이며, '더 안전한 것'은 그것이 자연스러운 방법이기 때문이다.

읽기 교육 시기를 늦춰야 한다는 주장은 단지 시간을 절약해야 한다는 관점 때문이 아니다. 읽기 교육 시기를 늦추는 것의 최대 이점은 어린이들뿐만 아니라 교사나 부모 모두 마음과 정신을 세련되게 정제한다는 초등 교육의 가장 중요한 목적에 대해 새삼 관심을 가질 수 있도록 한다는 데 있다.

그런데 개신교 국가들을 보면 대체로 읽기 능력에 대해 천성적으로 경외심을 가지고 있는 듯하고, 이것이 오늘날에 와서는 교육의 주요 목적으로 자리 잡은 듯하다. 그러나 읽기 능력이란 기껏해야 부차적인 수단에 불과한데, 그것을 마치 **목적**처럼 여겨 버리면 그땐 수단으로서의 의미도 사라질 뿐만 아니라 결국 아무 것도 아닌 게 돼 버린다.

　그러면 사람들은 우리가 왜 이렇듯 잘못 가 버렸는지를 의아해 할 수 있겠는데, 그 자체가 문제는 아니지만 마르틴 루터의 종교개혁이 이런 상황을 만든 핵심 원인 중 하나로 작용했다고 생각한다. 루터가 활동하던 시기의 지식인들은 단합해서 당시 대중이 설교나 대중 연설을 통해 자신의 신앙을 키우고 진리를 알아 나가는 것을 철저히 막았고, 그 결과 글을 통하는 것만이 진리를 깨우치고 믿음을 깊게 만드는 유일한 길이 되어 버린 것이다. 그리고 이런 사회 분위기 속에서 루터도 또 그와 비슷한 생각을 한 사람들도 스스로 글을 읽는 것밖에는 달리 진리를 탐구할 길이 없다는 생각을 강하게 갖게 되었는데, 사실 이들은 당시 교회 입장에서 보면 일반 대중을 계몽하는 데 최우선으로 동원할 수 있는 가장 탁월한 사람들이었음에도 결국 놓쳐 버리고 만 것이다. 아무튼 이런 식으로 사람들은 더 이상 '무식한' 상태에 머물러 있을 필요가 없으며, 이를 위해 무엇보다도 스스로 읽을 수 있는 능력을 갖추는 것이 필요하다는 생각을 확고하게 갖게 되었다. 그리고 바로 이런 생각이 문제가 된 것이다! 이런 생각이 실수인 것은 일상의 경험에서도 쉽게 입증되는데, 자신의 해석이든 다른 사람이 해석한 것을 읽든 글을 읽음으로써 신앙을 키운다는 발상은 결국 또 다른 '교황의 권위'를 세우는 일에 다름 아니게 될 것이기 때문이다. 글로 표현된 진리는 매우 모호할 수 있을 뿐만 아니라 이야기 방식이라면 훨씬 쉽게 깨우칠 수 있는 진리도 책을 통해서는 발견하기가 매우 어려워질 수 있다.

어느 시대에든 지식인들은 평민들로서는 전혀 이해할 수 없는 언어를 자유롭게 말할 수 있었고, 이는 지금 우리 시대에서도 크게 다르지 않다. 그리고 어느 시대에든 정신적, 영적으로 깨어난 사람들은 존재했고, 우리 시대에서도 그렇다. 그런데 그런 정신적, 영적으로 깨어난 사람은 읽기 능력이 도움이 되기도 하지만 평민들의 일상 언어 속에 녹아난 평범한 삶의 지혜에서도 깨달음의 도움을 얻을 수 있다. 물론 읽기 능력을 기른다고 해서 나쁠 것이 없기 때문에 평민들도 언젠가는 읽기를 배워야 한다. 그러나 평민을 계몽한다는 목적에 이르기 위한 수단이어야지 읽기 그 자체가 목적이어서는 안 된다. 그럼에도 현재 많은 교사와 부모들이 계몽이라는 목적에 도움이 되는 일은 거의 하지 않은 채, 읽기 자체를 목적으로 삼는 현행 교육 방식을 통해 자기들의 의무를 다하고 있다는 환상에 사로잡혀 있다.

그래서 내가 하고 싶은 말을 한마디로 간단히 정리하면, 학교에서는 읽기를 꼭 필요한 수준을 넘지 않는 정도로 제한해서 가르쳐야 한다는 것이다. 사실 학교에서는 읽기 말고도 가르쳐야 할 중요한 것들이 많지 않은가! 예를 들면, 어린이들의 정신적 능력을 길러 주는 것 말이다. 그런데 정신적 능력은 이야기 방식을 통해서라면 훨씬 더 쉽고 안전하게 기를 수 있다. 그리고 이런 식으로 적절하게 정신적 능력이 길러진다면 열세 살이나 열네 살쯤 되면 충분히 인식 능력이 생겨 이후 여생 동안 필요한 만큼 얼마든지 책을 읽게 될 것이다. 어떤 아이가 한 시간에 책을 열 쪽이나 읽어 낼 수 있지만 읽은 부분 중 단 한 줄도 그 의미를 이해하지 못했을 땐, 똑같이 한 시간 걸려 비록 책을 한 쪽밖에는 읽을 수준이 안 되지만 읽은 내용의 뜻을 잘 이해할 수 있는 아이의 경우가 훨씬 낫다고 해야 하지 않을까! 들판으로 억지로 끌고 가야 할 동물과는 멀리 갈 수 없다는 말도 있듯이, 애초에 읽기에 소질이 없는 어린이는 읽기 교육에서 제외시켜 주는 것도 좋다.

쓰기와 관련해서는, 그 중에서도 특히 '습자'에 대해서는 길게 논할 필요가 없을 것 같다. 우리 초등 교육에서 습자는 필요한 수준을 훨씬 넘어 완벽을 목표로 추구되고 있다는 말로 정리할 수 있기 때문이다. 반면 자신의 생각이나 견해를 표현하는 도구로서의 '쓰기'의 의미도 생각해 볼 수 있겠느냐는 주장이 있을 수 있는데, 만약 사람들이 표현할 의견이나 생각 없이 살아간다면 이 또한 아무런 설득력이 없어진다. 물론 이야기 방식의 교육도 내용을 전달하기 위해서는 나름의 형식을 갖춰야 하지만 말이다. 아무튼 참으로 어렵게 공들여 습득한 쓰기 능력을 통해 표현하고픈 내용이 무엇인지 전혀 고민하지 않은 채, 어린이들에게 그렇게 열심히 문법과 습자를 가르치는 교사들을 보자면 한편으론 웃음이 나오지만 또 한편으론 참 비극이라는 생각이 든다.

한 가지 덧붙이자면, 그림 그리기는 쓰기를 배우기 전 단계로서 매우 적합할 수 있다는 사실이다. 그리고 어린이 마음대로 그려 보는 그림일수록 더 효과적일 수 있기 때문에 교사는 어린이들이 자기 취향대로 그림을 그리도록 도와주어야 한다.

충분한 경험이 없는 사람이 얼핏 생각하기에 셈하기는 초등학교에서

수학 시간 (사진 | 클라우디 클라우슨)

가르쳐야 할 가장 중요한 과목처럼 보일 수 있다. 우리는 '셋의 법칙, 나
누기 둘의 법칙¹'을 외울 수 있는 어린이를 볼 수 있는데, 도대체 뭔 말인

---

1 19세기 전반 덴마크 농촌 공립학교에 다니던 어린이들이 배워야 했던 라틴어로 된 수학
공식 '셋의 법칙, 나누기 둘의 법칙(Regula de tri, Regula dupla inversa).' 공식의 뜻은 다
음과 같다. 7kg의 감자 가격이 14크로네라면 8kg 감자 가격은 얼마인가? 공식에 따르면
두 번째와 세 번째의 곱을 첫 번째로 나눈 값이다. 즉 14 곱하기 8 나누기 7은 16 . 콜이 이
공식에 대해 말한 이유는 무엇일까? 이 공식은 어렸을 때의 경험을 늙어서까지 어떻게 가
지고 가는지를 여러 면에서 보여 주는 사례라 생각된다. 첫째, 이 공식은 모국어가 아니라
라틴어로 되어 있다. 어른들은 콜이 사용한 이 라틴어 문장을 들으면 그게 무슨 뜻이지 하
고 묻는다. 하지만 아이들은 묻지 않는다. 이런 식으로 라틴어는 학생들을 억압하기 위한
아주 효과적인 방법으로 사용되었다. 둘째, 콜이 이 공식을 언급한 또 다른 이유라면, 이
공식들은 아이들에게 완전히 넌센스이기 때문이다. 아이들은 수학 공식을 배워야 했고
이것을 사용해야 했다. 하지만 아이들은 얼마나 자주 이 공식을 사용하는가? 아이들은 학

지 아는 사람은 없는 듯하다. 그리고 그런 난해한 공식을 외울 줄 아는 어린이들 중 대부분은 '2분의 1 곱하기 2분의 1은 4분의 1'과 같은 단순한 질문에는 답할 능력이 없다. 그리고 '4분의 1'이라는 답을 계산할 수 있는 소수의 어린이들조차도 셈하기의 원리를 통찰적으로 이해해서라기보다는 '분자는 분자끼리 분모는 분모끼리 곱한다'는 규칙을 암기해서 단순히 적용했기 때문에, 누군가 어떻게 해서 그런 답이 나왔는지 좀 더 자세하게 설명해달라고 한다든지, 혹은 답이 정말로 정확한 것이냐고 의문을 품게 되면 셈하기를 원리적으로 이해하지 못했기 때문에 더 이상 대답을 하지 못한다.

셈하기를 가르치면서 가장 흔히 하는 실수는 수량 개념을 이해시키는 방식이 아니라 상징 기호인 숫자로만 가르친다는 것이다. 셈하기를 이런 식으로 가르치면 숫자와 수량을 동일시하는 문제가 생기는데, 예를 들어, 0에서 뭔가를 뺄 때 다음과 같이 우스꽝스러운 일이 생길 수 있다.

교에서는 사용할지 몰라도 일상생활에서는 그렇지 않다. 콜은 수학을 쓸모없는 것으로 보았을까? 그렇지는 않다. 하지만 일상생활은 공식이 아니라, 이해와 의미 체험을 통해 자란다고 보지 않았는가? 보기를 들면, 콜은 사과를 반으로 나누고 이것을 또 반으로 나누면 4분의 1쪽이 된다는 것은 어떤 아이라도 잘 알 수 있다고 보았다. 수학은 일상생활의 컨텍스트에 넣어 이야기 식으로 만들어 제시하는 게 핵심이라는 뜻이다. (카스튼 옥슨배드의 해설 -옮긴이)

$$910$$

$$100$$

$$-6$$

$$94$$

자, 수량이 아니라 상징 기호인 숫자로만 셈하기를 배울 때 어떤 일이 일어나는지 0에서 6을 빼는 셈하기를 예로 들어 보자. 위의 수식에서 두 번째 줄의 100을 편의상 10과 0이 합쳐진 것으로 생각해 보자. 우선 뒤에 있는 0에서 6을 뺄 수가 없다. 그래서 앞에 있는 0에서 빌려 본다. 역시 뺄 수가 없다. 그래서 1에서 하나를 빌리는데, 사실상 이 1은 10이다. 10에서 1을 빌려 주면 9가 되고, 빌려온 1은 10이 되어 뺄셈이 가능해진다. 그런데 이 지점에서 아이들에게 어떻게 한 0은 9가 되고, 또 다른 0은 10이 되는지를 물어 보면 대부분의 아이들은 대답을 하지 못한다. 말도 안 되는 셈법이고 그 설명도 매우 헷갈리지만 수량을 사용하지 않고 숫자 기호로 셈하기를 배우기 시작하면서 나타날 수 있는 황당한 사례를 보여 준 것이다.

그리고 초등학교에서 셈하기, 즉 산수 교육은 **암산** 능력을 길러 주는 방식으로 접근할 때 그 효과가 극대화될 수 있다. 암산 능력은 적어도 칠판을 사용하는 산수 교육이 시작되기 전까지 충분히 계발할 필요가 있는데, 이는 칠판에 쓰면서 가르치는 셈하기 교육을 이해할 수 있으려면 어린이 스스로 마음속으로 수량 개념을 활용해서 계산하는 힘이 있어야 하기 때문이다.

현재 초등학교 산수에서 가르치는 세 가지 규칙이라든지, 혹은 이것저것 혼합해서 만든 복잡한 교육 내용들은 대부분 어린이들이 이해하기엔 너무 어렵다. 그리고 이해할 수 없는 것들을 기계적으로 연습시키는 것은 아무런 소용이 없는 것이, 초등학교에서 산수를 가르치는 것의 주된 이유가 지적 능력을 계발하는 효과적인 수단이어서가 아닐 뿐만 아니라, 그렇다고 하더라도 기계적인 반복 연습을 통해서는 지적 능력을 결코 계발할 수 없기 때문이다.

사실 산수에서 다루게 될 순수 이론 개념이라는 것들 대부분은 어린이들이 이해하기엔 어렵기 때문에 그것들을 가르치려면 먼저 어린이들의 손에 잡힐 정도로 알기 쉽게 가공해야 한다. 그리고 바로 이런 이유에서, 숫자라는 상징 기호로 하는 산수 교육이 조금이라도 소용이 있으려면 숫자로 하는 산수 교육 이전에 수량 개념을 활용해서 사칙 연산(더하기, 빼기, 곱하기, 나누기)을 가르쳐야 한다고 주장했던 것이다.

수량에 대한 감각을 키우는 방식으로 산수 교육을 하는 방법을 예를 들어 설명하면, 마분지를 세 가지 다른 크기로 잘라 일, 십, 백 단위의 카드를 만든 다음, 그 카드를 교사와 아이들이 나눠 갖는다. 그리고 교사가 백 단위 크기로 자른 카드를 주면 아이도 자신이 가진 카드 중 백 단위 크기의 카드를 골라 교사에게 주는 식으로 교환한다. 이런 식의 수업을 통해 어린이들은 수(數)에 대한 입체적이고 현실적인 감각을 키울 수 있는데, 이런 접근 방식은 '분수' 개념을 처음 가르칠 때 특히 효과적이다. 그리고 이렇게 카드 교환 방식으로 하는 산수 교육은 놀이처럼 재미있을 뿐만 아니라 상징 기호인 숫자에 대한 현실적 질량감(質量感)을 자연스럽게 키울 수 있기 때문에 산수가 무엇인지에 대한 전체적인 감(感)을 가지고 셈하기에 첫 발을 내디딜 수 있다.

산수 교육을 시작하기엔 다섯 살에서 여섯 살 사이가 적절할 것 같다. 그리고 산수 교육은 어린이의 지능을 형성하고 발달시키는 데 효과가 있을 뿐만 아니라, 자신의 생각을 명확하고 자신 있게 표현하는 데 도움을 주며, 논리적인 사고력을 키워줄 뿐만 아니라 실제적인 개념과 추상적인 개념을 구별하는 힘도 길러 줄 수 있다.

가르치는 사람은 가르치는 방법보다는 가르치는 내용이, 외적인 것보다는 내적인 것이 더 중요하다는 사실을 반드시 명심해야 한다. 쓰기를 배우기 전에 쓰고 싶은 것이 있어야 하고, 읽기를 배우기 전에 지식을 얻고자 하는 갈망이 있어야 하듯이 말이다. 하지만 사람들은 겉모습을 내면의 모습으로, 수단을 목적으로 그리고 상징적인 기호를 실제 존재하는 것으로 혼동하는 실수를 끊임없이 반복하곤 한다. 이런 일이 초등학교에서도 일어나고 있다는 사실을 우리는 여러 경로를 통해 확인할 수 있다. 예를 들어, 한 아이에게 자신이 믿는다고 하는 기독교에 대해 알고 있는지 물어보면, 그 아이는 성경을 암송할 수 있다고 대답한다. 기독교 신앙생활을 어느 정도로 잘하고 있는지에 대해 알고 싶은데도 성경을 많이 읽고 있다는 대답뿐이다. 죽음에 대해선 어떻게 준비하고 있는지 물으면 그것에 관해 읽었는데 잘 기억이 나질 않는다는 불평 섞인 대답이 돌아온다. 이런 식이다. 이 정도로도 우리가 책이라는 것을 실제 자신 내면의 정신으로 그리고 그저 지식을 가지고 있을 뿐인 것을 실제로 그런 삶을 사는 것으로 얼마나 착각하고 있는지를 충분히 증명해 주고도 남는다.

현실적인 참된 가르침

겉모습과 내면의 정신을, 외형적인 것과 실제 하는 것을 그리고 **수단과 목적**을 혼동하는 실수들은 정신을 바짝 차리지 않으면 개인뿐만 아니라 국가 차원에서도 일어날 수 있다. 그리고 18세기 말에서 19세기 초까지 덴마크 교육 체제가 왜 그렇게 전개되어 왔는지도 같은 맥락에서 설명할 수 있다. 당시 덴마크 기독교는 프랑스에서 시작된 기독교 이단(異端)과 프랑스의 볼테르와 프러시아 제국의 프레데릭으로 대표되는 근대 사상의 영향으로 총체적인 붕괴 위기에 직면해 있었다. 숭배 받을 자격이 있는 유일신으로서의 합리주의를 정당하게 제 위치로 회복시켜야 한다는 주장을 따르는 추종자들이 유럽 전역에 광범위하게 퍼졌는데, 덴마크 상황도 크게 다르지 않았다. 덴마크 평민들 사이에 황금시대가 곧 도래할 것이며, 합리주의가 그 시대를 열어젖히리라는 기대가 퍼지는 징후들이 뚜렷하게 감지됐다. '영원한 평화(eternal peace)'라든지, 그와 유사한 사상들이 아무런 역사적 맥락도 없이 거세게 영향을 끼치면서 평민들이 삶의 신조로까지 받아들이는 경향이 짙어졌고, 반면 걷잡을 수 없이 번지는 산불처럼 자유의 사상은 구시대의 모든 구속들을 해체시키고 탈 역사화를 촉발하면서 젊은 식자층을 사로잡아 그들로 하여금 "백 년쯤 지나면 모든 게 다 잊힐 텐데!"라고 유치하게 스스로를 위로하면서 아무 거리낌 없이 순간적인 삶을 살도록 자극했다. 사실 "성경은 무지한 사람들을 억누르는 데에는 소용이 있겠지만, 생각 있는 사람은 성경을 믿지 않는다."는 주장은 예전에도 있었고 지금도 여전히 존재하지만, 이 제는 대놓고 공공연하게 전파되는 실정이다. 최근 들어 그 기세가 약간 수그러지긴 했지만, 그렇다고 해서 그와 반대되는 신념이 그만큼 강해 져서 사회적으로 자기 존재감을 드러낼 정도로 커지지도 못했다. 프랑 스와 독일의 여러 지역에서 기독교 교리가 오히려 현재 삶에 맞춰 갔고 사람들은 이를 반겼다. 금에 대해 아는 게 없는 사람은 금을 찾지 않는다 는 말이 있다. 한때 우리 북구인들은 지구에서 좋은 일을 하면서 조화롭 게 살아가는 삶과, 그런 삶의 결실로서의 영원한 기쁨을 소망하는 삶이 라는 '진짜' 금을 추구했던 영광스런 때가 있었다. 그래서 덴마크에서는, 오늘을 사는 우리들이 선조들과의 연속성을 끊겠다는 생각을 하는 것보 다 '진짜' 금을 추구했던 선조들의 삶의 방식을 낡고 구태의연한 것으로 보는 태도를 훨씬 더 좋지 않게 여긴다. 우리는 기억을 소중히 여기고 사 랑한다. 때론 잘못 연주된 곡에 맞춰 춤출 때도 있긴 하지만, 마음 깊은 곳에선 새로 난 길이 우리를 무서운 곳으로 이끌 것이라는 느낌이 똬리 를 틀고 있기 때문에 현재의 삶으로부터는 매우 제한적으로 교훈을 얻는 반면, 대다수 사람들은 선조들의 삶의 방식과 생각이 전해 주는 가르침을 기억하며 살아왔다. 선조들이 걸었던 길이 매우 좁아 보일지라도, 우리 자식들도 그들처럼 살아가길 바라는 마음으로 선조들의 생각과 삶의 방식을 자녀 세대에게 전승하려 노력했다.

그러나 지폐나 동전에 표시된 액면가가 너무 오랜 기간 동안 유지되다 보니 이제는 그것들의 실제 가치가 얼마인지를 망각한 채 액면 가치 그대로 관성적으로 통용되는 것처럼, 지금은 안타깝게도 선조들의 삶의 방식과 생각 중에서 무엇이 가치 있는 것인지, 그 '진짜' 금의 내용이 무엇인지 진지하게 생각하지 않은 채 그냥 관성적으로 금을 찾는다. 그리고 이런 과정을 거치면서 기독교적 가치와 세속적인 가치가 맥락 없이 섞여 들어가는 바람에 현재의 계몽 운동이 엇나가게 된 것이다. 한편으로는 갖고 있지도 않은 풍요를 온 세상에 약속해 놓고선 또 한편으론 기독교 이미지를 기치로 내걸고 기독교적 가치를 증진하겠다는 것은 진리를 왜곡해서 은폐하는 짓일 뿐만 아니라, 그럼으로써 오히려 정신을 일깨우는 데 있어서 가장 위험한 적이 될 수 있기에 지금 진행되는 계몽 운동이 철두철미하게 어긋나 버렸다고 말하는 것이다.

내용 없는 형식, 마음은 콩밭에 가 있으면서 입으로만 암송하는 교리, 말만 있고 실천 없는 말(言)들, 실현성 없는 거대 계획, 연설을 위한 지루하게 긴 연설, 현실성 없는 수많은 사상들, 진지하게 주목하고 공감해 줘야 할 감정 상태에 있는 사람에게 어깨 한 번 으쓱해 주는 무성의, 모든 종류의 관계에서 경험되는 애매함과 비현실성, '진리란 무엇인가'라는

인터넷에서 정보를 검색하고 있다. (사진 | 클라우디 클라우슨)

질문에 애매모호하고 무기력한 모습을 보이는 본디오 빌라도 같은 자들…. 어떠한 진리도 현실성도 아무런 생명도 힘도 없는 이 모든 허황되고 거짓된 것들이 지금 이 시대가 뿜어내고 있는 해독(害毒)인데, 안타깝게도 현 교육 체제가 이런 해악을 오히려 강화시키고 있다.

　한번은 한 아이가 수업을 듣고 시험을 봤다. 그 아이는 시험이란 배울 것을 모두 다 배우고 수업을 마쳤다는 뜻으로 그리고 시험을 통과하면 성공적으로 목표를 이룬 것이라 생각했다. 그래서 시험에 통과한 것을 확인하면 자기 짐을 꾸려 학교를 떠날 채비를 한다. 어린이들에게 삶을 가르치는 하나의 수단이자 경로가 교육이며, 따라서 교육은 어린이들에게 자신의 삶의 목표를 이루려는 의지와 힘을 길러 줄 수 있어야 한다는 사실을 교사도 어린이들도 종종 망각한 채 학교생활을 한다. 이처럼 교육의 본질에 대해 무관심한 분위기가 학교에 팽배해진 것은 한편으론 교직을 그저 직장 개념으로만 여기는 사람들의 욕구 때문에 그리고 다른 한편에선 모든 어린이들이 의무적으로 취학해야 하는 상황에서 비롯한 바가 크다. 시험 때가 되거나, 감독이나 교구장 같은 높은 지위의 성직자가 학교를 방문할 때면 교육이 얼마나 잘 이뤄지고 있는지 보여 주려고 반짝 노력들을 하는 경우가 있는데 (당시에는 성직자가 교육을 관리할 수 있는 권한을 정부로부터 부여받았다. -옮긴이), 당연한 말이지만 그동안 시험을 준비하느라 그리고 학교를 운영하느라 들였던 노고의 열매를 따서 맛볼 수 있는 기회가 바로 시험일 것이고 고위 성직자의 학교 방문일 테니 말이다. 교육은 시험을 위해 존재하고, 시험은 교육을 위해 존재한다는 생각이 우리 어린이들 사이에서 빠르게 번져가고 있는데, 이렇게 되면 교육이 완전히 길을 잃게 된다. 이런 교육 환경에서 어린이들은 교육이 삶에 어떤 면에서 유익한지를 전혀 경험할 수 없을 것이고, 결국 공부의 즐거움도 사라질 것이다. 이런 상황에서는 어린이들이 왜 세상엔 그 어떤 것도 자기를 위해 존재하는 것이 없다는 생각을 하게 되는 건지, 그리고 "자기를 지키려고 대항해서 싸워 보지만 어찌 해도 이길 수 없는 상대인 '운명'"이라도 되는 듯이 그런 세상에 복종하는 이유도 이해하기가 어렵지 않다.

덴마크 사람들이 자신의 삶에 대해 뚜렷한 전망을 세우도록 하는 것, 삶과 희망과 사랑을 갈구하도록 하는 것, 책임감을 가지고 자신의 삶을 살아 나가겠다는 독립심과 그런 삶을 가능하게 하는 삶의 기술들을 길러 주는 것, 이것이 바로 교육의 목적이어야 한다. 이 능력들은 각자 최선을 다할 때 지상에서 뿐만 아니라 천상에까지도 우리를 이롭게 하고 기쁘게 해 줄 것이다.

　교육의 이러한 목적을 잘 이해하면, 사람들을 계몽할 때 그 내용은 진실되고 현실적이어야 한다는 사실도, 암기해서 기계적으로 나오는 대답들이나 교육의 목적과는 전혀 상관없이 학습된 생활신조들로는 교육의 목표를 이룰 수 없다는 사실도, 교육은 어린이의 내면에 초점을 맞추면서 그 내면의 자아가 밖으로 드러날 수 있도록 도와줘야 한다는 사실도, 사랑이나 희망, 생동감 있는 이해력 등은 정신을 통해 발현될 수 있다는 사실도, 그리고 눈에 보이는 것이 전부라는 오해가 생기는 것을 막기 위해 정신이 각자의 특성대로 성장하도록 도와야 한다는 사실도 쉽게 받아들일 수 있을 것이다.

　현실적인 참된 가르침을 위한 두 가지 원칙이 있다.

　첫째, 학생들을 진심으로 사랑하는 마음이 교사의 인성과 기질에 스며 있어야 하고, 또 자신이 가르치는 내용의 중요성과 필요성에 대해 교사 스스로 생동감 있는 관심을 가지고 있어야 교사의 말이 무한한 힘을 가진 '살아 있는 언어'가 되어 학생들의 인성을 불러 깨울 수 있다. 그래야 비로소 학생들은 교사가 전하고 싶어 하는 생각, 감정, 사상들을 마음을 열고 받아들일 수 있다.

　둘째, 교육 내용은 본질적으로 학생들이 다른 사람의 관점에서가 아니라 각자의 정신적 특성에 맞게 거부감 없이 받아들일 수 있는 것이어야 하고, 자신의 정신적 삶이 각성되고 성장하는 데 도움이 되는 것이어야 한다.

그런데 사실 이 두 가지 원칙은 가르침의 기본 원리일 뿐만 아니라 정신적 각성을 목표로 하는 곳이라면 어디라도 꼭 필요한 것들이다.

그런데 이런 기본 원리를 실현하기 위해 교사가 갖춰야 할 첫 번째 자질은 무엇보다도 교사가 먼저 정신적으로 깨어 있어야 하고, 동시에 학생들에게 가르치고 싶은 삶을 교사 스스로 살아야 한다는 것이다.

나는 어렸을 때 예언자 모하메드는 자기가 설교한 내용 중 스스로는 단 한 가지도 믿지 않으면서 오직 세속적인 권력과 권위를 손에 쥐겠다는 일념으로 사람들을 속이는 엄청난 사기꾼이라고 내 자신에게 설득하곤 했다. 나는 자기 스스로도 확신이 없는 지식을 퍼뜨리거나 자기는 그렇게 살지 않는 삶을 가르치는 것은 참으로 하찮은 짓이라고 생각한다. 우리나라 지식인들 중에서도 전혀 신앙심이 없으면서 종교나 기독교에 대해 끊임없이 이야기하거나 교회나 학교에서 열정적으로 설교하는 사람들이 있는데, 이들은 그것이 진리라고 진짜로 믿고 있어서 그러는 것도 아니고, 자신의 삶에서 실제로 경험하면서 진리로 받아들이게 되어 그렇게 하는 것도 더욱 아니다. 그들은 단지 일반 평민을 통제하는 한 수단으로서 '진리'를 악용하고 있을 뿐이다. 물론 이런 맹목적 설교에 영향을 받아 개종했다는 사람을 본 적이 있긴 하다. 그런데 인간의 잣대로 평가할 때 소위 지성이 낮다는 사람들 중에서도 겸손하게 기독교 신앙생활을 하는 사람들이 있는데, 이들은 자기에게나 다른 사람들에게 축복해 주는 것을 신앙생활로 여기는 듯했다. 사람들은 이처럼 한편으로는 기독교의 진리를 부정할 정도로 신앙심이 없으면서도, 다른 한편으로는 개인적 확신이 없는 설교라 할지라도 일반 평민들이 자기 자신을 스스로 통제하는 효과가 있을 수 있다는 양면적 생각을 한다. 천성이 착한 사람들은 자신의 일을 하든 모하메드의 일을 하든 여관 주인이 지키고 있지 않은데도 숙박비를 알아서 정산하듯이 매사에 그런 자세로 살아간다. 만약 모하메드가 자기가 하는 말을 스스로는 믿지 않으면서 설교를 했더라면 아마도 자신과 같은 개종자를 거의 만들지 못했겠구나 하는 생각을 지금은 한다.

교사에게 요구되는 또 다른 자질은 구어(口語)에 능숙해야 한다는 것인데, 이는 첫 번째 자질 못지않게 중요하다. 사람들은 정신을 각성시키는 데는 '펜과 인쇄물'이 최고라고 하지만, 정신을 일깨우는 데 가장 효과적인 수단은 역시 구어, 즉 '살아 있는 말'이다. 그래서 덴마크 교육 체제가 성공적으로 작동하려면 무엇보다도 '살아 있는 말'을 제자리로 복귀시켜야 한다. 적어도 '펜과 인쇄물' 정도로 중요하게, '복사본'에 대한 '원본' 자리에 그리고 '초상화'에 비교하면 '실제 인물' 자리에 올려놔야 한다.

학생들에게 **기독교적 삶**을 가르치고 정신을 성장시키기 위해서는 교사부터가 그런 삶이 어떤 것인지 알아야 하고, 동시에 교사가 먼저 그런 삶을 살아야 한다는 원칙은 일반 평민의 삶을 계몽할 때에도 그대로 적용된다. 지금처럼 일반 평민의 정신이 잠들어 있는 때에는 어떤 삶이 기독교적 삶이며 정신이 깨어 있다는 것은 또 어떤 삶을 말하는 것인지에 대해 단지 지식을 전해 주는 것만으론 결코 계몽시킬 수 없다. 계몽 활동가 자신의 실제 삶으로, 각성된 정신으로 평민들의 정신을 흔들어 깨우는 것이 중요하다. 그래서 젊은이들을 가르치는 일을 하는 사람들은 정신적으로, 영적으로 강해야 한다. 그리스에서는 그 나라에서 정신적으로 가장 훌륭하게 각성된 사람들이 교육하는 일을 맡은 반면, 로마에선 노예를 사서 교육을 맡겼는데, 당연히 로마 시민의 계몽은 기껏해야 고용된 노예 교사의 수준을 넘어설 수 없었다.

덴마크 사람들이 참으로 자유롭고, 독립적이며, 강한 민족으로 성장해서 자신만을 위해서가 아니라 사회도 함께 이로울 수 있는 수준에서 자신의 자유를 향유하고 사용하기 위해서는 무엇보다도 정신적 성장을 가로막은 소심함, 이기심, 의기소침으로부터 정신을 해방시켜야 한다. 그러나 안타깝게도 덴마크 초등학교는 오히려 이런 장애 요소들을 강화하고 있는 듯하다. 학교생활 분위기도 교도소나 교정시설의 그것과 크게 다르지 않을 정도다. 분명 공포심의 결과라고 추측이 되지만, 아무튼 그들 나이에 전혀 걸맞지 않게 부자연스러울 정도로 진지하고 조용하게 학교 의자에 비좁게 끼여 앉아 있는 어린 학생들을 보고 있자면, 노예 시대 때를 보는 것처럼 불편한 감정이 올라온다. 초등학교에서라면 뭐니 해도 교사 주위로 어린 학생들이 옹기종기 모여 있는 것이 가장 보기 좋은 장면 아니겠는가! 다른 어느 곳보다도 학교에서 더 행복하고 더 자유로워야 하지 않겠는가! 하지만 안타깝게도 어린 학생들 얼굴에 그저 지루함만이 짙게 묻어 있는 것이 지금 우리나라 학교 현실이다. 학교에선 어린 학생들이 제 나이에 맞는 행동을 하는 것이 허용되지 않는다. 어린 학생들은 오히려 은밀하고 교활하게 교사의 눈을 피해 짓궂은 장난을 치면서 정신을 일깨우는 것이 아니라 오히려 더 속박한다. 학생들에게 교사라는 존재의 의미는 벌 받지 않고 할 수만 있다면 언제든지 속여먹고 싶은 교도소 간수 처지로 전락하고 있다.

자, 이제 교육 내용은 학생들의 정신 수준과 특성에 맞아야 하고, 학생들의 정신적 성장을 촉진할 수 있어야 한다는, 현실적인 참된 교육을 위한 두 번째 원칙에 대해 생각해 보자.

무기력하게 잠든 상태로부터 의식이 깨어나 삶에 힘이 생길수록 삶은 더 현실적이 되면서 참된 생명의 양식을 필요로 할 것이다. 반면, 피상적인 삶에는 아무런 영양가 없는 양식도 전혀 문제되지 않는다. 우리나라에서 기독교적 삶이 동면(冬眠)하는 동안에는 성직자라면 누구나 똑같이 선한 사람들로 여겨졌고, 누가 하는 설교든 영적 말씀이라고 생각했다. 하지만 삶이 깨어나고 참된 생명의 말씀에 대한 갈망이 커지면서 사람들은 '살아 있는 말'로 영혼의 양식을 설교하는 곳을 찾기 시작했고, 그래서 성직자들을 그리고 그들의 설교 내용을 비교하고 평가하기 시작했다.

모름지기 진실한 마음에서 나온 것만이 사람의 마음을 움직일 수 있는 법이다. 좋은 것이든 나쁜 것이든, 일단 마음 깊은 곳에서 만들어진 것이어야만 그것이 말과 행동으로 드러나 다른 사람에게 실질적인 영향을 줄 수 있다. 반면, 피상적인 삶은 그저 겉껍데기와 그것의 그림자만 만들 뿐인데, 풋내기들에겐 실제로는 존재하지 않는 그림자일 뿐인데도 마치 존재하는 것처럼 보일 것이다.

가르침의 가장 중요한 목적은 학생들이 자신의 삶에 대해 명확한 전망을 가질 수 있게 함과 동시에, 유익한 삶을 살아가는 데 도움이 되는 삶의 기술과 독립심을 길러 주는 것이라고 앞에서 말했다. 그런데 이를 교육의 두 주체인 교사와 학생의 관계에 적용해 보면, 교사가 아무리 자신의 삶에서 경험한 사실들을 가르친다 하더라도 그 교육을 받는 학생 입장에서 그렇게 느끼지 않으면 반쪽짜리 가르침이 될 수밖에 없다. 그럼에도 사람들은 교육의 성패를 가를 정도로 중요한 이 나머지 반쪽인 학생들에 대해 상상 이상으로 소홀히 생각하는 경향이 있다. 아무튼 이런 일이 벌어지는 데에는 교사들이 어린이들의 정신 능력에 대해 충분한 지식이 없기 때문일 수 있는데, 앞에서도 설명했듯이, 이해력의 세 가지 요소라고 할 수 있는 상상력, 감정, 이성 가운데 어릴수록 감정과 상상력을 사용하는 것이 중요함에도 교사들은 주로 이성을 활용하고 있다는 것이 문제의 원인일 수 있다. 여기에 더해, 어린이들 생활의 경험 폭이 매우 제한적일 수밖에 없을 텐데 그들이 현실에서 경험할 수 있는 수준을 넘어서는 내용을 가르치는 것도 또 다른 이유가 될 수 있겠다.

어린이들을 가르칠 때는 항상 그들이 처한 상황에 민감하게 주의를 기울이며 접근해야 한다. 왜냐하면 그렇게 해야, 자기가 배운 내용이 지금 자기가 살고 있는 현실에서 얼마나 유용하고 재미난 것인지를 **즉각적으로** 경험함으로써 자기들이 받고 있는 교육이 "아, 이래서 필요하겠구나!"

호기심, 참여, 실험 등은 그룬트비와 콜의 자유학교에서 중요한 개념들이다. 어린이들이 생물과 과학 실험을 하고 있다. (사진 | 클라우디 클라우슨)

하고 실감할 수 있고, 또 앞으로 의미 있는 삶을 살아간다는 것이 어떤 것일지 어린 나이지만 맛볼 수 있기 때문이다. 만약 어린이들의 생활 경험에 맞춰 교육해야 한다는 사실을 무시하고 어린이들의 실제 생활의 경험 수준을 넘어서는 위험을 무릅쓰고 가르치려 든다면 결국 자기가 배운 내용을 이해할 수 있는 어린이는 아무도 없을 것이다. 또한 어린이들을 **강제로 깨우치려 든다면** 이런 교육 역시 완전히 뒤틀려버릴 텐데, 어린이들의 경우에는 생활 경험과 깨우침은 함께 경험되기 때문이다. 그리고 여기서 한 걸음 더 나아가, 어린이들의 발달 수준이 아직 그것을 이해할 수준에 이르지 못했기 때문이든, 혹은 어린이들의 일상생활에서 전혀 경험할 수 없다는 이유 때문이든, 아무튼 어린이들이 도대체 이해할 수 없는 내용이나 지식을 **강제로 집어넣으려는** 교육은 어린이들을 앵무새처럼 아무런 뜻도 모른 채 따라서 되뇌게 하는 짓에 다름 아니다. 어린이들의 실제 삶에서 전혀 경험할 수도 없고 존재하지도 않는 삶과 생활방식을 **억지로 '신앙 고백'하게 만드는** 식의 교육은 진실성이나 현실적 유용성이란 눈곱만큼도 없는 허구적 삶을 길러 줄 뿐 사실상 완전히 거짓된 것이다. 누군가를 계몽할 때 그 사람의 일상적인 경험으로부터 동떨어진 내용으로 접근하는 것은 오히려 엄청나게 큰 바윗덩어리로 계몽의 길목을 떡하니 가로막는 짓으로, 성실하고 숙련된 교사라면 반드시 피해야 할 일이다.

교사든 부모든 어린이들의 성장을 바라지 않는 사람은 없을 것이다. 그러니 계몽을 위한 교육을 하려는 사람은 모름지기 인간에 관해 충분한 지식을 쌓아야 한다. 그래야 지금 내가 계몽하려는 사람이 어느 수준의 삶을 살고 있는지, 그래서 어느 정도 강도로 계몽 교육을 해야 하는지 그리고 교육의 효과를 보기 위해 얼마나 인내심을 가지고 기다려야 하는지 등을 현명하게 판단할 수 있기 때문이다. 또한 어린이들을 향한 교사의 사랑과 영향력을 과대평가하는 것도 경계해야 한다. 과대평가된 사랑이나 영향력은 오히려 어린이들의 삶이라는 '배'를 난파시킬 수 있는 암초가 될 수 있기 때문이다. 숙련된 교사일수록 자기가 북돋으려는 삶의 모습을 더 자연스럽고, 분명하며, 생생하게 그려 보여 줄 수 있어야 하고, 그 결과 그만큼 더 어린이들의 정신적 계몽과 영적 성장은 교육의 현실적인 목표로 다가온다. 한마디로, 교사가 비현실적으로 욕심을 부릴수록 계몽 교육이 실패할 가능성은 그만큼 커진다는 말이다. 교사가 어린이들의 삶에 교사 자신이 원하는 삶의 방식을 심어 주고픈 의욕을 강하게 가질수록 그리고 어린이들이 하는 의미 없는 '신앙 고백'에 교사가 흐뭇한 표정으로 애정을 표현하면 할수록 어린이들은 그만큼 쉽게 자기 자신과의 관계에서나 교사와의 관계에서 위선을 배우게 될 것이다. 무엇에 **대한 단순한 지식**을 얻는 것과 실제로 **경험하고 성취해 봄으로써** 어떤 것에 대해 **통찰적인 인식**을 갖는 것, 우리는 마치 인간의 본성이 그렇게 하라고 귀에 대고 속삭이면서 유혹이라도 하는 것처럼 이 두 가지를 혼동하고 있다. 나는 기독교 교육과 훈육을 통해 영적 신앙생활이 어떠해야 하는지에 대해서 뿐만 아니라, 신앙심 깊은 영혼이라면 하느님과 어떤 식으로 관계 맺어야 하는지에 대한 내밀한 비밀에 대해서도 세세하고 정확한 지식을 알고 있는 아이들을 종종 만났는데, 그런 아이들은 대체로 자기를 누구보다도 경험이 많고 훌륭한 기독교인이라고 확신하는 경향이 있었다. 하지만 그들의 목소리를 들어 보거나, 그들이 쏟아내는 파편화되고 쪼잔한 답변들을 들어 보면 그들에겐 내면의 힘이라곤 전혀 찾아볼 수 없을 뿐만 아니라 가장 낮은 수준에서의 경건한 신앙생활조차 처음부터 없었음을 누구라도 금방 알아챌 수 있을 것이다. 그런 아이들에겐 겸손함과 사랑으로 생명력 있는 신앙심을 길러 주기가 무척 힘든데, 이는 헛된 지식들로 그들의 마음이 완전히 닫혀 버렸기 때문이다.

지금까지 언급한, 계몽에 이르는 길목에 놓인 암초들을 피하려면 어린 이들에게 **좀 더 넓은 맥락**에서의 인간의 조건에 대해 가르쳐야 한다. 물론 세례를 통한 기독교적 삶이나 선조로부터 전해 내려오는 문화유산 같은, 인간의 성장을 위한 씨앗들은 생의 첫 시작 단계에서부터 이미 뿌려지기 때문에 내 삶을 꽃피울 뭔가가 내 삶에 이미 존재함을 어렴풋이나마 누구라도 느낄 수 있는데, 어린이들에게 성서 이야기나 조국의 역사 이야기를 들려주는 것도 같은 맥락에서 볼 수 있다. 하지만 그것이 기독교적 삶이든 선조의 역사적 삶이든 깊은 내면의 삶에 대한 좀 더 복잡한 지식들은 어린이들의 삶의 성장 수준에 맞춰, 또 어린이들 스스로가 그러한 지식을 현실적 이유에서 필요로 하는 때에 맞춰 차근차근 전달되어야 한다. 예를 들어, 어린이들에게 기독교 신앙이 무엇인지를 가르칠 때 기독교 신앙에 관한 자세한 지식을 나열하는 것보다는 아브라함의 신앙을 단적으로 보여 주는 행동이나 사건을 이야기로 들려주는 것이 훨씬 낫다는 게 내 생각이다. 아브라함의 이야기를 통해 사람들 마음 저 깊은 곳에 내면화된 믿음과 신앙이 다른 사람이나 내 자신의 삶에서 어떤 모습으로 드러나는지를 실감나게 들려주면 인간, 믿음, 실천이라는 세 요소가 삶에서 하나로 통합되면서 자기기만의 여지가 전혀 없어진다. 하지만 단지 지식을 전달하는 방식일 경우에는 믿음이라는 것이 현실 세상에서 강도 높게 시험에 드는 일이 없기 때문에 실천 없는 믿음 생활도 얼마든지 가능하다. 믿음과 신앙을 그렇게 비유적으로 설명하면 어린이들 마음에 실감나게 다가갈 수 없다는 반론이 있을 수 있다. 분명히 말하지만, 이 방식이야말로 아무런 다른 부수적인 위험 없이 어린이들 마음에 신앙과 믿음 생활이 무엇인지를 손에 잡힐 정도로 뚜렷하게 그려 넣어 줄 수 있다. 어린이들이 배우는 지식이 그들의 일상생활 내용이나 수준과 평행선처럼 나란히 가지 않는다면 그것은 어린이들이 부담 없이 자연스럽게 받아들일 수 있는 수준을 넘어선 지식 전달이 일어났다는 뜻일 테고, 그런 식의 교육은 어린이들에게 언제고 좋지 않은 영향을 줬다. 반면 어린이 수준에 맞는 지식일 경우엔, 자기가 들은 이야기를 자신의 삶과 연결 지을 수 있는 힘이 아직 생기지 않은 어린이라 하더라도, 어쨌든 자신의 마음속 화면에 스쳐 지나가는 황홀한 그림들을 따라가면서 이야기 듣는 자체를 즐길 것이다. 그리고 교사가 이야기를 재미있고 실감나게 하는 능력까지 갖춘다면 어린이들이 교사의 이야기에 몰두하느라 의식하지도 못한 채 바람직한 교육이 자연스럽게 일어난다. 이와 관련해서, 뢰딩 평민대학의 한 학생이 "지금 이 자리에서 비록 슬레스비-홀스타인(Slesvig-Holstein)의 비극적 사태(1864년 프로이센과 오스트리아가 덴마크를 상대로 전쟁을 벌여 슬레스비-홀스타인 지역을 차지한 사건을 말함. -옮긴이)에 대해서, 그리고 덴마크 사람들의 삶을 짓밟은 독일의 만행에 대해 소리 내 성토하고 있진 않지만, 그럼에도 우리 마음속에 덴마크 사람이라는 의식을 불러일으키고 키워 나가는 노력의 과정에서 우리를 핍박한 사람들에 대한 분노도 자연스럽게 함께 자라지 않았겠습니까!"라고 말한 기억이 난다.

우리 어린이들에게 그들 모두는 조국의 시민이 될 권리가 있고, 이는 정말로 크나큰 영광스러운 일이라는 사실을 그리고 어떻게 해야 조국의 자랑스러운 시민이 될 수 있는지를 가급적 빨리 가르쳐 줘야 한다. 또한 어린이들은 성서 이야기나 자신의 삶의 경험을 통해 같은 시대를 살아가는 동료 시민들의 삶에 대해서도 알아야 하지만, 지금에 비해 영광도 권리도 보잘 것 없었던 반면 훨씬 더 큰 희생이 요구되던 시대의 조국에 대해서도 배워야 한다. 한 집안의 가장처럼, 그런 시대를 살았던 우리의 선조들은 강한 손과 뜨거운 가슴에서 솟구치는 피로써 조국을 지켜냈다.

어린이들을 대상으로 할 때는 그들 안에 뭔가를 확실하게 각인시켜 놓겠다는 욕심으로 강압적으로 교육하지 않도록 조심해야 한다. 무엇을, 얼마만큼, 어떻게 받아들일지는 전적으로 배우는 어린이의 몫으로 돌려야 한다. 또한 어린이들에게 뭔가를 가르친 뒤 얼마 지나지 않아 무엇을 배웠는지 설명해 보라고 요구하는 것은 참으로 잘못된 교육 방식이다. 한 현인(賢人)이 이렇게 말했다. "아이들이 무엇을 배웠는지 곧바로 확인하려 드는 것은 마치 엄마가 자녀에게 음식을 해 주고선 곧바로 무엇을 얼마만큼 먹었는지 확인하려고 방금 먹은 것을 게워내게 하는 짓과 같다." 이런 식으로 하면 당연한 말이지만 음식이 아이들의 성장에 아무런 도움이 되지 못할 것이고, 그래서 제정신이 있는 사람이라면 아이들이 음식을 먹고 소화시켜 음식으로부터 필요한 영양분을 섭취할 수 있을 때까지 충분히 기다려 줘야 하지 않겠는가. 그런데 이렇게 순서를 뒤바꿔 서두르는 데에는 어린이를 개조해 보겠다는 강한 의도가 중요한 원인으로 작동했으리라 본다. 어린이를 철로 된 구조물로 비유하면, 개조를 위해선 그 구조물이 어떤 쇳조각들로 만들어졌는지를 이해해야 하는데, 충분한 시간을 갖고 차근차근 분해하는 방식이 아니라 오직 개조하겠다는 일념 하나로 무모하게 그 철 구조물 전체를 한꺼번에 녹여 어떤 쇳조각들이 쓰였는지를 알아내겠다는 참으로 어리석은 실수를 저지르는 것이다. 아무리 철저하고 체계적으로 접근한다 하더라도 어린이를 이런 방식으로 이해하는 것은 살아 있는 생명체에겐 엄청난 폭력이며, 개조는커녕 오히려 이내 곧 갑작스런 죽음을 초래할 수도 있는 위험한 짓이라고 확신한다. 그리고 그런 일이 실제로 벌어지면 의사 블록(Blok)의 그 황당한 말로밖에는 위로할 길이 없을 것이다. "분명히 사망한 것은 맞지만, 그래도 그 사람의 열은 확실히 잡았습니다."

그런데 어린이들의 학습 결과를 서둘러 확인하려는 이런 태도는 아이의 입 안에 있는 빵만 뺏는 걸로 끝나지 않는 데 문제의 심각성이 있다. 어린이들의 독립심과 자유도 앗아갈 수 있기 때문이다. 물론 죽은 사람에겐 독립심이나 자유가 아무 소용없겠지만, 살아 있는 사람에겐 그것이 아무리 보잘 것 없어 보이는 삶일지라도 자유나 독립심은 삶의 필수 불가결한 요소이다. 뿐만 아니라, 어린이들에게서 독립심과 자유를 빼앗는 것은 필요하리라는 이유로 어린이들에게 제공되는 것들과 실제 어린이들이 필요로 하는 것들 사이의 불일치가 만드는 충격을 줄일 수 있는 '완충 지대'를 없애는 짓이기도 하다. 이 '완충 지대'는 어린이들의 정신 발달 수준으로 소화시킬 수 없는 것들이 강요될 때 자신을 보호하는 심리적 방어 기제로서 오직 어린이 스스로밖에는 다른 사람이 만들어 줄 수 없는 것이다. 그런데 이런 '완충 지대'가 제거되거나 사라진 상태에서 어린이들이 소화시킬 수 없거나 소화되지 않는 '음식물'을 강제로 먹으면 그것이 결국 치명적인 병을 일으키게 한다. 물론 어린이들이 무엇을 배웠는지 확인하기 위한 시험이 무조건 필요 없다는 말을 하려는 것이 아니다. 시험은 적절한 때 치르면 교육적일 수 있지만, 설사 잊어먹고 시험을 보지 않는다고 해서 어린이들을 계몽하겠다는 본질적 목표를 실현하는 일이 크게 방해받지는 않을 것이다.

반면 이야기 방식으로 수업을 하면 어린이들이 잘 배웠는지를 확인하기 위해 굳이 시험을 볼 필요가 없다. 그저 어린이들이 이야기 내용을 잘 따라오는지, 자유롭게 참여하는지, 재미있어 하는지 그리고 정신이 조금씩 깨어나면서 눈빛도 그만큼 초롱초롱해지는지만 확인하면서 수업을 하면 된다. 그리고 수업이 이런 분위기에서 진행되기만 한다면 나머진 전혀 걱정할 필요가 없다. 어느 날 새 생명이 불현듯 땅을 뚫고 솟아나오는 것처럼, 전혀 예기치 못한 어느 날에 어린이들의 말이나 행동을 통해 교육의 효과가 꽃필 것이기 때문이다. 그런데 여기서 교육의 효과가 우리의 예측대로, 우리가 바라는 꼭 그대로 나타나지 않을 수 있다는 사실에 주목해야 한다. 사실 예측한다는 것 자체가 이미 어리석은 일이긴 하지만 말이다. 생각해 보라, 아무리 자신의 삶이라고 하지만 현실적으론 자기 몸 하나 자기 뜻대로 건사하기에 우리 자신이 얼마나 무기력한 존재들인지를. 하물며 정신적인 삶을 자기 뜻대로 펼쳐 나가는 것은 어떻겠는가. 하지만 각자가 원하는 그대로 살아가기에 아무리 무기력한 존재일지라도 우리 모두는 현실에서 행복한 삶을 살아야 할 분명한 이유가 있다. 지금 이 순간의 삶이 아무리 고달프고 험할지라도 삶이 나아지리라는 희망은 살아 있는 법, '죽음'을 죽음이라고 부르는 것은 아마도 이런 삶의 희망이 죽었다고 해서 그렇게 이름 붙인 것이 아닌가 싶다.

진실하고도 현실성 있는 가르침이려면 그 가르침을 받는 사람의 내면에 공명을 불러일으켜야 한다. 뭘 배웠는지 설명해 보라거나 증명하라는 요구를 하지 않는 가르침, 오직 어린이의 지성과 감성을 통한 가르침, 외형보다는 참 자아의 성장을 지향하는 가르침 그리고 가르치는 일이 궁극적으로 자기 삶의 소명이자 내적 기쁨의 발현인 사람이 교사가 되어 하는 가르침, 우리 초등학교에서는 바로 이런 교육이 이뤄져야 한다.

암기식 학습과 수업 그리고 시험에 대하여

그러나 안타깝게도 우리 초등학교 교육이 현실적이지도, 진실하지도 않다는 것이 명백한 사실로 드러나고 있는데, 암기식 학습과 시험 그리고 숙제라는 세 가지 괴물이 이를 반증한다. 그런데 다른 사람은 몰라도 합리적인 사람들조차 초등학교에 시험 제도를 끌어들이는 것에 대해 전혀 문제의식을 갖지 않는 것은 참으로 이해가 되질 않는다. 시험을 통해 알아낼 수 있는 거라곤 기껏해야 습득한 지식이 얼마만큼인지 정도일 텐데, 하나라도 더 알려고 아무리 열심히 노력했다 하더라도 알고 있는 지식의 많고 적음의 차이는 나이가 어린 초등학교 단계에선 사실 아무런 의미가 없다. 오히려 초등학교 단계의 어린 학생들에겐 나중에 많은 지식을 쌓기 위해서라도 '그릇'을 크게 만드는 일이 더 중요하다. 하지만 안타깝게도 초등학교 설립을 주도했던 사람들이 초등 교육의 존재 의미에 대해 무지한 바람에 시험 제도가 결국 도입되고 말았는데, 그들은 초등학교를 그저 '학문적인 학교'로 커가는 발달 과정에서의 '작은' 시작 단계 의미 정도로밖에는 보지 않았다. 물론 결과적으로는 초등학교의 의미가 왜곡되고 축소되어 결국 그들이 애초에 설계했던 대로 '작아'졌긴 했지만 말이다. 그러면 '학문적인 학교'와 초등학교의 본질적인 차이는 무엇일까?

'**학문적인 학교**'에서는 자연계나 정신세계에 대해 일반 평민들보다 훨씬 높은 수준의 지식도 추구하지만, 기본적으로는 다른 국가나 다른 나라 언어에 대한 지식 습득을 최우선시 한다. 그리고 그러한 지식은 외국어라는 이국적인 수단으로 학습되기 때문에 기독교적 심성이나 일반 평민들의 민족 정서에 스며들기엔 너무 **이질적**일 수밖에 없다. 사실 인간 존재의 이 두 가지 정서야말로 모든 학교들이 세심하게 주의를 기울여야 할 것임에도 말이다.

반면 **초등학교**는 이국적인 지식 전달에 전혀 관심을 가질 필요가 없다. 오히려 방금 앞에서 말한 두 가지 감정이 흐릿하거나 혼란스러워질 때마다 그 감정들을 북돋아줌으로써 우리 어린이들이 건강하고 강인한, 깨어 있는 삶을 살아가도록 돕는 것이 초등학교의 존재 이유인 것이다. 한

마디로, 초등학교의 중요한 과업은 사람들 안에 이미 **'존재'하는** 것들을 계몽하는 것이라고 말할 수 있겠다. 세례 받을 때 그 씨앗이 이미 뿌려진 '기독교적 삶'이나, 선조들의 삶에까지 이어지고 있는 '평민들의 현재 삶' 모두 이미 그 이전서부터 이어지는 것들이라는 뜻에서 말이다. 모름지기 초등학교 교육은 **삶을 일깨우고, 삶과 경험에 빛을 비추는 데** 도움을 주어야 한다고 나는 믿는다. 그리고 초등학교 교육에 대한 나의 이런 생각이 잘못된 것이 아니라면, 그런 초등학교에서는 시험이 필요 없다. 만약 초등학교에 시험 감독관이 배치되어 있다면, 그것은 그 학교가 초등교육의 근본 목적이 무엇이어야 하는지에 대해 크게 오해하고 있다는 반증일 뿐이다.

앞에서 '학문적인 학교'는 외국어와 외국 문물 등 이국적인 것들에 대한 지식 전달에 주로 관심을 가진다고 했다. 그런데 이런 이국적인 지식들을 얼마나 잘 배웠는지를 알아보기 위해서는 배운 것을 그대로 다시 토해내는 수밖엔 달리 방법이 없다. 그래서 우리 일반 평민들 보기에는 **그저** 다시 게워내기 위해 집어넣는 이상한 행동으로 보이는 것이다. 그리고 집어넣은 것을 다시 꺼내 보이는 것이 목적이라면 시험을 보는 게 별 문제 될 이유가 없겠지만, 이런 경우에도 시험은 얼마나 많은 양의 지식을 삼켰는지를 확인하는 것 말고는 다른 어떤 교육적 목적에도 전혀 도움이 되질 못한다는 사실을 보여 주는 수많은 사례가 있다. 예를 들어, 코르넬리우스 네포스(Cornelius Nepos)의 책을 포함해서 처치 곤란한 책들을 책장 위에 꽂아 놓곤 수년 동안 먼지가 수북이 쌓이도록 전혀 건드리지 않은 성직자들을 많이 알고 있다. 그들은 이미 오래 전에 소위 '공부하는 목적'을 성공적으로 이루어 교회에서 남들이 부러워하는 위치에 진즉 올랐건만, 시험을 코앞에 두고 있거나 시험을 치르는 악몽을 아직까지도 자주 꾼다고 한다. 그래서 잠에서 깬 뒤, 다행히 이 모든 게 꿈속의 일임을 깨닫고는 하느님께 진심으로 감사 기도를 드린다고 한다.

이렇듯 시험 없는 학교를 상상할 수 없는 상황에서 치르는 시험은 그저 '죽은 지식'을 위한 것일 뿐인데, 이 시험이라는 것 때문에 초등학교에 생겨난 제도가 또 있다. 시험을 잘 보기 위해 방과 후에 집에서 또다시 필요한 준비를 하는 **'숙제'**가 바로 그것이다. 그래서 사실 지식적으로 가르칠 것은 별로 없고 오히려 지식보다는 실제로 그렇게 사는 것이 중요한 '기독교적 삶'마저도 암기 숙제를 내는 게 가능하도록 짧은 장(章)들로 잘게 쪼개서 가르치는 실정이니, 도대체 무슨 말을 어떻게 해야 할지 할 말을 잃어버렸다! 아무튼 우리 아이들이 시험이라는 괴물에 너무 익숙해지다 보니 그동안 마치 기쁜 마음으로 시험을 봐 왔고, 또 앞으로 볼 시험들도 그런 마음으로 준비할 것 같은 생각이 드는 지경이 되어 버렸다. 하지만 시험 점수가 도대체 뭘 말해 줄 수 있는지 한번 차분하게 생각해 보라. 높은 시험 점수를 받은 사람은 그만큼 수준 높은 계몽이 이뤄졌다는 사실을 만방에, 아니면 최소한 그 학생 자신에게라도 확신시켜 주는 것일까? 혹은 시험 출제자가 생각하는 정답을 지체 없이 말할 수 있는 능력이 생겼는지를 보려는 것인가, 학교에서 배울 수 있는 다른 수많은 경험들을 그냥 다 무시한 채? 아니면, 시험 결과를 확인하면서 사람

여자아이가 흙 속에 숨겨진 것이 무엇일까 궁금해 하고 있다. (사진 | 클라우디 클라우슨)

은 대개 기대치보다 못한 법이라는 사실을 확인하고 싶은 것인가? 그 의도가 무엇이든, 시험이라는 것은 어른이 자기가 이미 알고 있는 것을 질문하면 어린이는 제대로 이해하지 못했을지라도 용감하게 대답하는 것이라는 뜻 이상의 의미를 찾기가 정말 어렵다. 그리고 이렇듯 더 이상 똑똑할 수 없는 어른이 묻고 그토록 천진난만한 어린이들이 대답해야 하는 과정이 지속적으로 반복되면 이집트 무덤 속의 죽음 같은 어둠이 교실 안에 두텁고 짙게 드리울 수 있다.

　이런 상황에선, 어린 학생들은 죄의식에 싸여 학창시절을 보내게 된다. 집에선 숙제를 해야 하고, 산수 수업이 있는 날은 특히 걱정스럽다. 이렇지만 않았어도 그저 자유롭고 기쁨에 충만했을 어린 영혼들이 멍에에 속박 당해 있는 꼴이다. 틀에 박힌 수업과 힘에 겨운 학교생활은 어린이 영혼에서 순식간에 시심(詩心)을 앗아가고, 어린이의 천성과는 전혀 어울리지 않는 방식으로 그들의 삶을 무미건조하고 지루하게 만들어 버린다. 사람이 태어나 처음 맞닥뜨리는 불쾌한 경험이 학교생활이라는 것은 참으로 불행한 일이다. 어릴 때의 아픈 경험은 오랫동안 남아 있거나 아예 사라지지 않을 수도 있기 때문이다. 어떤 부모는 학교를 마치 '못된 어린이를 잡아간다고 하는 도깨비'로 활용하는 황당무계한 경우도 있는데, 그보다 훨씬 더 서글픈 것은 실제로 학교가 그런 역할을 하고 있다는 사실이다.

물론 숙제를 활용하면 교육 효과가 조금이라도 좋아지는 과목들도 있겠지만, 적어도 기독교 신앙생활이나 선조들의 삶과 관련된 주제들은 숙제를 내준다고 해서 뭔가 좀 더 나은 결과를 기대할 성질의 내용들이 전혀 아니다. 조국의 시민으로 그리고 하느님의 백성으로 살아가는 삶이 무엇인지를 깨우쳐 주고, 또 그러한 삶을 열망하게 함으로써 어린이들의 정신과 영혼을 한층 더 높은 차원으로 끌어올리는 것을 목표로 하는 공부에서는 숙제를 내줘서 뭔가 효과를 볼 수 있는 여지가 전혀 없다.

그런데 틀에 박힌 수업과 시험 때문에 생겨난 괴물은 숙제만이 아니다. 규격화된 수업 방식과 시험 제도의 결과물로 생겨났으면서도 이 둘보다 훨씬 더 고약해져 버린 괴물이 또 있는데, 바로 암기식 학습법이다. 암기식 학습법이 어린이들에게 얼마나 끔직한 멍에일 수 있는지는 누구라도 자신의 어깨에 한번 매 보면 금방 느낄 수 있다. 가령 암기식 학습법을 열정적으로 옹호하는 사람에게 뤼넨 지역 신문인 《뤼인스 아뷔스 (Fyens Avis)》 한 부를 암기시켜 보자. 그래서 학교에서 어린이들이 당하는 그대로 한 글자, 한 대목이라도 빼먹고 외우지 못하면 무섭게 꾸짖고 쥐어박고 때린다고 치자. 이런 일을 당하고도 그 신문에 조금이라도 흥미를 가진다면, 아마도 그런 사람은 차가운 돌처럼 아무 것도 느끼지 못하는 무정한 사람임이 틀림없을 것이다. 그러니 암기식 학습법을 옹호하는 사람들이여, 우리 어린이들에게 암기식 학습법을 강요하기 전에 부디 먼저 역지사지하기를 바란다.

하지만 어린이들에겐 암기가 결코 어렵지 않고, 오히려 평민층 어린이일수록 암기를 잘하는 경향이 있다는 생각을 포기하지 않는 사람이 여전히 있을 수 있는데, 이에 대한 나의 대답은 "불행히도 그렇다"이다. 실제로 생각을 덜하는 사람에게는 오히려 암기가 그만큼 더 편한 학습법이 될 수 있기 때문이다. 그런데 여기서 문제는, 생각하지 않고 암기하는 어린이들에겐 '괴상한' 능력이 발달한다는 것이다. 정상적인 학습 과정이라면 일반적으로 어린이들은 귀를, 즉 듣는 힘을 기르는 반면, 암기식 학습법은 입을 훈련시켜 악기를 '조율'하는 것과 같은 일이 벌어진다. 교사라고 판단되는 어떤 사람이 질문을 하면 순서에 따라 그 다음은 학생의 입이 즉각적으로 정답을 찾아 움직이기 시작한다는 의미에서의 '조율' 말이다.

암기식 학습법에 의한 조율이 무슨 뜻인지 쉽게 설명해 주는 한 사례가 있다. 주일 예배에 참석하던 한 여자아이가 신앙심의 함양을 위해 하느님의 말씀을 조금 읽어 보려고 꺼낸 것이 찬송가였다. 물론 여기까진 전혀 문제될 게 없을 뿐만 아니라 오히려 매우 모범적인 신앙생활 태도라고 볼 수 있다. 그런데 얄궂은 운명의 장난처럼 우연히 펼친 쪽은 찬송가의 목차였고, 이내 잘 조율된 암기 습관이 작동하면서 그 여자아이는 찬송가 목차를 큰 소리로 읽기 시작한 것이다.

이제 나의 삶을 마치리니

추수가 끝났도다

여기는 너무나 위험한 인생길이요

무덤과 죽음에서 우리를 구원하소서

우리를 안식할 곳으로 인도하시니

내 삶을 이젠 내려놓으니

그 여자아이가 큰 소리로 읽어 내려간 것은 바로 이런 찬송가 제목들이었다. 그 아이는 어쩌면 찬송가는 모든 게 다 하느님의 말씀이고, 그래서 찬송가의 어느 쪽이든 더 중요하고 중요치 않은 게 있을 수 없다는 생각을 하면서 주위 사람들의 웃음소리를 버텨냈는지도 모르겠다.

또 다른 사례가 있다. 한 성직자가 교리 교육을 하면서 어린 친구들에게 질문했다. "우리는 하느님께 어떤 의무를 지고 있나요?" 아이들은 "하느님을 사랑하는 것입니다."라고 대답했다. 아뿔싸, 한창 하느님께 예배드리는 방법을 설명하던 중이었는데! 그 성직자는 화가 치밀어 소리쳤다. "뭐, 사랑이라고? 도대체 무슨 말을 하는 거야! 우리는 하느님께 예배드리는 의무가 있다고 지금껏 설명하고 있었잖아! 사랑이 아니라고!"

이것 말고도 비슷한 재미난 사례는 얼마든지 있다.

사실 암기식 학습뿐만 아니라 모든 학교 제도가 일종의 멍에다. 그것도 엄청난 무게로 어깨를 짓누르며 우리 어린이들을 무력하게 만드는 굴레인 것이다. 반면, 일반 평민들의 필요와 욕구를 충족시켜 줄 수 있는 교육은 국가를 부흥시켜 세계에서 가장 자유롭고 행복한 나라를 만드는 데 크게 기여할 수 있다. 그래서 이젠 밸레 감독이 만든 교재에 예속되어 있는 우리 덴마크를 해방시켜야 하는데, 불행히도 현실은 거꾸로 가고 있다. '죽음의 신'이라는 뜻의 '모르스(Mors) 섬'에 관한 이야기인『인간 행복을 위한 토대 *The Foundations for Human Happiness*』를 쓴 어느 교사는 다음 문장으로 자신의 책을 시작했다. "양육이란 좋은 습관의 윤곽을 그리고 만들어 가는 것이다."

그룬트비가 자기 아들에게 해 줬다는 아래 글은 지금껏 내가 하려고 했던 이야기의 핵심을 매우 잘 함축하고 있어서 마무리 글로 여기에 옮겨 적는다.

네가 만약 진흙 속에 빠진다면, 비가 내려와 너를 씻어줄 테니,

그래서 나는 너에게 씻는 법을 훈련시키지 않는 거란다.

대신, 하느님께서 우리에게 주신 모든 것을,

그리고 그의 백성들에게 약속하신 그 모든 것을

소리 높여 찬양할 수 있도록

나는 너에게 하느님의 말씀을 가르쳤단다.

티끌만한 거짓도 없이 너에게 증언하건데,

나는 하느님의 모든 말씀을 온 마음으로 믿는단다.

초등 교육의 목적

시번(Sibbern) 교수의 철학 논문들 중 어느 글에 다음과 같은 내용이 나온다. "아무리 시간이 많더라도 학생들이 원하는 지식이나 기술을 모두 다 가르친다는 것은 현실적으로 불가능한 일이다. 그러니 우리가 할 수 있는 최선은 학생들에게 자신이 필요로 하는 지식과 기술을 스스로 얻을 수 있는 훈련되고 숙련된 능력을 길러 주는 것이다." 나는 시번 교수의 이런 생각에 전적으로 동의한다. 그리고 그는 현재 대학생과 앞으로 공무원이 되려는 사람들을 염두에 두고 한 말이지만, 초등 교육 단계에 그대로 적용해도 전혀 문제될 것이 없다고 나는 믿는다. 초등 교육의 가장 중요한 목적은 미래에 얻게 될 사회적 지위라는 편견에 구애받지 않고 어린이들을 온전한 인간으로 성장하도록 돕는 것이다. 오직 어린이 당사자에게만 관심을 가지고, 어린이들이 온전한 인간으로 성장해서 하느님의 백성으로, 조국의 시민으로 훌륭하게 살아가도록 돕는 것이 초등 교육의 핵심 목적이다.

이처럼 초등 교육의 목적이 더할 나위 없이 훌륭한 것임을 잘 알고 있음에도 사람들은 학교를 신뢰할 수 없었다. 사람들은 한편으론 학교가 자신들을 잘 돌봐주고 있으니 감사하며 애정을 가져야 한다고 생각한다. 하지만 학교 체제의 전반적인 풍토가 부자연스럽고 이국적이며, 심지어 퇴행적이어서 불쾌하고 억압받는 감정도 동시에 느끼기 때문이다. 일반 평민을 위한 학교 거의 대부분이 그저 뭔가 '집어넣으려는' 교육만 하려고 한다. 특정 분량의 지식을 집어넣는 것이 교육의 목적이 되어 버렸는데, 이런 식의 교육은 교육의 목적과 방향에서 뿐만 아니라 전달하려는 지식 내용의 선택이나 전달하는 방식 모두 결코 성공적이지 않다. 여기서 한 가지 분명히 하고 싶은 것은, 학교가 사람들에게 필요하고 적합한 지식을 제공하려는 의도를 전혀 갖고 있지 않다는 말을 하려는 것이 아니라는 사실이다. 어찌 부모라면 자녀들이 **'죽어 있지 않은' 즉 살아 있는** 지식을 얻기를 바라지 않을 것이며, 학교도 분명히 같은 마음이었을 거라고 생각한다.

앞에서 인용한 시번 교수의 같은 논문에 "양육이 지도 중심적 교육보다 더 중요하다."라는 대목이 나온다. 그리고 이어지는 문장은 다음과 같다. "정말로 많은 지식과 기술을 습득하고 훈련받았으면서도 배운 지식과 기술을 실제 생활에서 전혀 써먹지 못하는 젊은이들이 우리 사회에 얼마나 많은지를 보라. 지식 그 자체가 우리의 피가 되고 살이 되는 것이 절대 아니다. 수많은 젊은이들이 지식을 가급적 많이 습득하려고 열심히 노력은 했지만, 그 지식을 자신의 삶에 스며들게 하지는 못했다. 그리고 이런 결과는 지식 습득에 초점을 맞춘 교육보다도 그리고 양육보다도 더 중요한 것이 있다는 시사점을 주는데, 정신적 감화(inspiration)가 바로 그것이다. 누구라도 우리 아이들이 잘 교육받길 원하며, 나아가 배운 대로 살아가길 바란다. 그런데 이보다 한 걸음 더 나가는 것을 기대하는 것은 무리일까? 우리 아이들이 양육과 교육을 통해 배운 것들을 체화해서, 신선하고 열린 마음으로 그리고 자신의 삶에 생동감 넘치는 애정과 관심을 가지고 자유롭고 당차게 살아갈 수 있는 젊은이로 성장하는 것을 꿈꿔서는 안 되는 것인가? 자기가 배운 모든 것들을 머릿속에 가둬두는 것이 아니라 일상생활에서 건강하고 능력 있는 삶을 살아가는 우리 젊은이들을 상상해서는 안 되는 것인가?"

나는 시번 교수의 이런 생각에 별다른 이견이 없다. 다만 초등 교육 또는 일반 평민을 위한 교육에 초점을 맞춰 생각해 보면, 그는 '양육'의 의미와 중요성을 부분적으로밖에는 다루지 않았다. 그리고 '정신적 감화'에 대해서는 전혀 논의하지 않았다는 아쉬움이 남는다. 실제로 초등학교 교사 가운데 다른 사람들의 정신을 일깨울 수 있는 능력을 갖춘 사람이 손에 꼽을 정도라는 현실 때문에 하는 말이다. 기독교적 삶의 관점에서든 일반 평민의 삶의 차원에서든, 잠들어 있는 정신이 깨어나지 않은 상태에서는 어떤 지식이나 기술도 의미 있는 역할을 하리라 기대하기 어렵다. 단지 신체적, 물질적 측면에만 국한해서 보면 이야기가 좀 달라지겠지만 말이다. 아무튼 초등학교는 차치하고라도, 심지어 일반 평민을 위한 학교에서도 평민들의 정신을 일깨우겠다는 **목표**는 찾아볼 수 없고, 지적 계몽을 위한 교육도 하지 않는다. 그런데 내용을 제대로 이해하지도 못한 채 글자를 읽을 수 있는 '읽기' 능력을 갖춘들 신체적 성장에조차 무슨 도움이 될 것이며, '셈하기' 능력도 특정한 상황에서만 매우 제한적으로 쓰이지 않겠는가. 글자를 멋들어지게 쓸 수 있는 '쓰기' 능력도 자기 생각이 없거나 자기 의사를 표현할 힘이 없으면 역시 아무런 소용이 없다.

이처럼 양육과 정신적 감화의 의미를 강조하는 것은 물리적 측면에서는 양육이 그리고 정신이나 마음, 영혼의 측면에서는 정신적 감화가 핵심 주제이기 때문이다. 그래서 만약 밸레 감독이 만든 교재나 비어크(Birch)의 『성서 이야기 *Biblical Stories*』를 배우게 하는 대신 성서 내용이나 교회의 역사, 전설이나 신화 등을 이야기 방식으로 들려주면 어린이들은 마음을 열고 귀 기울이면서 훨씬 더 잘 이해할 수 있을 것이고, 그 결과 어린이들의 마음도 움직일 수 있을 것이다. 나의 어린 시절 성서 공부 경험만 보더라도, 밸레 감독의 교재에서는 단 한 줄도 생각나는 게 없지만, 마카비(Maccabee)의 성서 이야기에 나오는 어느 순교자의 이야기는 심금을 울려서 읽을 때마다 눈물을 쏟곤 했다. 그리고 이것 말고는 나머지 내용은 나와는 아무런 관련이 없는 남 이야기일 뿐, 내 삶에는 물론 내 마음과 정신에 아무런 영향을 주지 못했다. 그런데 이는 단지 나에게만 일어난 일이 아니라 당시 내 또래 어린이들 모두에게도 마찬가지였으리라고 나는 감히 확언한다. 어릴 때 나나 내 또래 친구들이 당시의 전통적인 교재 대신 덴마크의 전설이나 동화 이야기를 들으면서 자랐더라면 훨씬 더 성숙한 정신력과 활기찬 영혼을 지닌 사람으로 성장했으리라고 믿는다. 교재에 담긴 뜻도 제대로 이해하지 못한 채 앵무새처럼 쉼 없이 되뇌는 방식으로 학습했던 경험은 견딜 수 없는 지루함의 기억만 남겼고, 우리는 선생님이 눈치 채지 못하게 교실 바닥에 발로 모래성을 쌓는 놀이를 몰래 하면서 그 지루함을 버텼다.

그런데 양육이나 정신적 감화라는 교육 목표는 미리 계획해서 이정표를 세우고, 어린이들이 그 길잡이를 제대로 따라가고 있는지, 또 얼마나 왔는지를 표시해 가는 방식으로는 결코 이룰 수 없다. 이런 교육 목표들은 어린이의 특성을 섬세하게 고려할 때 비로소 실현할 수 있는 목표들이다. 어린이들이 정말로 재밌어하는 게 무엇인지, 그들은 무엇에 기뻐하고 무엇이 그들의 기분을 북돋아주는지 등 어린이의 본질적 특성에 대한 정확한 이해가 있어야 가능하다. 이때 **강제적으로** 몰아붙이는 것은 절대 금물이다. 양육도, 정신적 감화도 모두 각자의 자유의지에 따라 어린이 **스스로 받아들일 때** 비로소 가능하기 때문이다. 아무리 사소한 것일지라도 어린이 스스로의 자유의지로 받아들인 것이라면 그 어떤 것보다도 양육에 깊이 영향을 줄 수 있지만, 어린이들에게 **강제로** 집어넣으려고 하면 그것이 무엇이든 그들 마음에 가닿을 힘이 없어 겉으로만 맴돌면서 정신의 감화를 전혀 일으키지 못할 것이다.

때로는 교사가 생각하기에 학생들에게 정말로 유용하고 도움이 되리라고 확신했는데, 학생들의 마음을 뚫고 들어갈 길을 찾지 못했기 때문

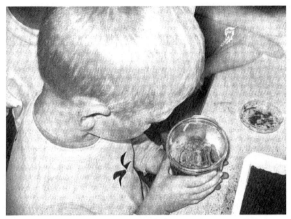
아이의 호기심이 발동한 것처럼 보인다. (사진 | 클라우디 클라우슨)

이든 아니면 학생들이 아직은 그것을 받아들일만한 정신 수준에 이르지 못했기 때문이든, 아무튼 학생들이 거부하고 밀쳐 내버리는 경험을 할 때가 있을 것이다. 이때 명심할 것은, 절대 강요하지 말고 어린이들이 그것을 자연스럽게 받아들일 수 있는 적절한 때가 올 때까지 기다려야 한다는 사실이다.

　여하튼 지금 넣어 두면 나중에라도 꺼내 쓸 때가 오지 않겠느냐고 믿으면서, 어린이들에게 지금 전혀 도움이 되지 못하더라도 그들의 정신을 계몽시키려는 시도를 한순간도 멈춰서는 안 된다고 생각하는 사람이 있을 수 있다. 그런 일이 절대 일어나지 말라는 법은 물론 없지만, 일상에서 쉽게 경험할 수 있는 것은 결코 아니다. 그리고 소화시킬 수 없는 상태임에도 억지로 집어넣는 지식은 그 지식을 습득한 사람 자신에게 너무 이질적인 것이 되어 버려서 오히려 나중에 어떤 살아 있는 말로도 뚫을 수 없는 단단한 껍질로 어린이의 마음을 덮어 버리는 '죽은 지식'이 된다. 살아가면서 언젠가는 그 지식을 쓸 수 있다는 사실을 전혀 느끼지 못하고, 또 어디에 쓸 수 있는지는 더더욱 알지 못한다면, 그런 지식은 죽은 것이다. 살아가면서 그 지식이 매우 절실한 순간에 쓰려고 그토록 애써 불러내려고 했건만 아무런 응답이 없다면, 그 지식은 죽은 것이다.

그리고 또, 지식은 지속적인 반복 학습을 통해 습득되기 때문에 어린이들은 언제나 책을 옆에 끼고 살아가야 한다고 주장하는 사람도 있을 수 있다. 그런데 태어나고 자란 집을 떠나 자신의 가정을 꾸려 살아가는 젊은이들 중에서 일상에서 책을 끼고 살면서 지식을 갈고 닦는 사람이 주변에 있는가? 나는 본 적이 없다! 습득한 지식을 꿰뚫는 사상의 핵심적인 본질을 뚜렷하게 이해하고, 그것을 자신의 삶에서 살아 있는 것으로 경험하겠다는 확고한 열정과 열린 마음이 없으면 아무리 많은 지식을 가진 사람이라도 자신이 놓인 생활환경 조건의 영향력에서 벗어나기 힘들 뿐만 아니라 탐욕스런 유혹에도 쉽게 넘어갈 것이다.

하지만 초등 교육이 어린이들의 정신을 깨우치고 그들의 삶에 잘 녹아들면, 어떤 지식이 자신에게 도움이 되고 안 되는지 그리고 어떤 지식이 자신의 삶에 격려가 되고 방해가 되는 지식은 또 어떤 것인지를 알아차릴 수 있는 힘이 자연스럽게 생겨날 것이다. 깨어 있는 정신이라면 일상생활에서 필요한 때 어떤 식으로든 자기 목소리를 반드시 낼 테니까 말이다.

부록

서문에서 밝혔듯이 편집 의도에 따라 원저에는 없는 두 개의 글을 싣는다.

하나는 사례를 들어 독자들이 현 시점에서 덴마크 자유교육에 관한 본문의 뜻을 좀 더 생생하게 접하고 이해하도록 돕기 위한 것으로, 콜 당시에 설립되어 현재까지 운영되고 있는 자유학교들 중 한 학교인 베스터 스케르닝에 자유학교(Vister Skerninge Friskole)에 관한 글이다. 글은 세 부분으로 구성되어 있다. 세 글 모두 비어테 패뇌 룬(Birte Fahnøe Lund)과 토마스 뷔스뷔(Thomas Visby)가 함께 썼다.

베스터 스케르닝에 자유학교 이야기

　1 학교가 시작된 내력

　2 간추린 학교 역사와 지향

　3 교육 과정 사례: 4학년과 8학년, 개요와 주요 특징(2018 학사력)

다른 하나는 비어테 패뇌 룬의 글 「교사의 과제 변화와 미래를 위한 도전」(2018)으로, 시장 경제를 중심축으로 하는 전 지구적 교육 환경의 도래라는 점에서 새로운 변화와 도전에 직면하게 된 덴마크 교육과 자유교육의 최근 상황과 관점을 보여 준다.

베스터 스케르닝에 자유학교 이야기
학교가 시작된 내력

다음은 베스터 스케르닝에 자유학교의 첫 번째 학생인 피더(Peder)가 들려주는 이야기이다.

나는 울뵐레에 있는 릴레막스스콜레(Lillemarksskolen in Ulbølle)에 다녔는데 그건 그리 신나는 일이 아니었다. 우리 선생님 이름은 크리스티안슨이었다. 성질이 묘했고 행동 또한 정말 이상했다. 그래서 아이들은 모두 그를 무서워했다. 한 번은 내 형에게 황소의 이마를 긁어 보라고 했다. 황소는 학교 바로 바깥에 있는 풀밭에서 풀을 뜯어먹고 있었다. 형은 선생님에게 감히 못하겠다고 말할 수 없었기 때문에 하라는 대로 하려 했다. 황소는 언제나 좋은 기분은 아니었다. 형이 황소에게 다가가자 다행히 크리스티안슨 선생님은 겁을 집어먹고 도망치라고 소리쳤다.

학생들 몇은 매일 얻어맞았다. 어떤 때는 숙제를 외우지 못했다고, 어떤 때는 단지 기분이 나쁘다는 이유만으로 말이다. 그는 늘 그런 식으로 학생들에게 분풀이를 했다. 어떤 이유에서인지는 몰라도 그는 내가 형 뻘 되는 아이들과 싸우는 것을 즐겼다. 그래서 그는 내가 여러 '쓸모 있 는' 레슬링 동작을 배우도록 강요했다. 나는 전혀 싸우고 싶지 않았다. 하 지만 크리스티안슨 선생님이 내게 그렇게 하라고 했을 때 나는 너무 무 서워서 거부할 수 없었던 것이다. 내가 학교 가는 걸 즐겨하지 않았던 건 하등 이상한 일이 아니었다.

끔찍한 시험

릴레막스스콜레에서는 일 년에 한 번 시험을 보았다. 1865년으로 되 돌아가 보면, 당시 시험은 지역의 목회자가 주관했다. 그의 이름은 람싱 이었다. 그는 울뵐레와 베스터 스케르닝에 지역의 목사였다. 나의 아버 지 핸스 닐슨은 학교 위원회의 일원이었기 때문에 시험에 동석했다.

나의 부모는 람싱 씨를 그리 기꺼워하지 않았다. 그들은 울뵐레에 있 는 교회에 다니지 않고 올러룹에 있는 브란트 목사에게 더 친밀감을 가 지고 있었다. 그는 신앙과 교육 문제에 있어서 그룬트비와 콜의 사상을 좋아했다. 그는 아이들이 성적으로 평가받으며 배우고 매를 맞으며 굴 욕감을 느끼게 하는 방식을 거부했다.

람싱 목사는 우리 가족이 올러룹에 있는 교회에 가는 걸 달가워하지 않았고 마침내 화를 내기까지 했다. 나는 1865년 4월 어느 날 한 가지 사건을 겪게 되었는데, 내가 여덟 살이 되던 때이자 첫 번째 시험을 보던 때였다. 나는 부모님이 람싱 목사에 대해 이야기하는 것을 자주 엿듣게 되었는데 늘 좋게만 말씀하신 건 아니었다. 그래서 나는 람싱 목사를 조심스레 대하기로 마음의 준비를 하고 있었다. 릴레막스스콜레 재학 중 마지막 날이 된 그날을 되돌아보면, 그때 나의 감정은 당황스럽기도 했지만 동시에 행복하기도 한 것이었다. 당황스러웠던 건, 질문에 쉽게 대답할 수 있었기 때문이었고, 행복하다는 건, 그 학교에 더 이상 다니지 않게 되었기 때문이다.

달걀이라는 철자를 말해 볼 수 있겠니?

한 가지 포인트! 람싱 씨가 내 책상으로 와서 책에 있는 단어 하나를 가리키면서 그걸 뭐라고 하는지 말해 보라고 했다. 그건 에그(즉 달걀)라는 단어였다. 그건 쉽사리 알 수 있는 것이었지만 그에 대해 조심스레 행동해야 한다는 것도 알았다. 그래서 대답을 하지 않고 있었다. 그는 내가 그 단어를 말하도록 몇 번이고 종용했다. 하지만 난 한 마디도 하지 않았다. 그는 마침내 포기했다. 그리고는 나의 아버지에게 "자 이렇습니다. 결국 언젠가는 알게 되겠지요."라고 말했다.

나는 아주 당황했다. 동급생들이 내 행동에 충격을 받았다는 사실이

상황을 더 낫게 만들어 주지는 않았다. 다수는 내 행동이 용서받을 수 없는 것이라고 했다. "너 미쳤니? 목사님에게 그게 할 짓이니."

그날 나는 학교가 파한 후 곧장 집으로 가지 않았다. 부모님께서 분명 화를 내고 실망하실 것이라고 생각했기 때문이다. 하지만 내 생각은 틀렸다. 집에 돌아와서 주방 옆에 딸린 방안을 까치발을 들고 들여다보았을 때, 나는 어쩔 수 없이 부모님께서 나누시는 이야기를 듣게 되었다. 아버지는 어머니에게 끔찍한 시험에 대해 이야기하시면서, "우리 아이가 학교에서 제일 멍청한 아이"라는 사실을 받아들이기가 얼마나 어려웠는지에 대해 토로하셨다.

어머니는 화를 내시면서 내가 멍청하다고 결론짓는 것을 거부하셨다. 어머니는 확고한 목소리로 말씀하셨다. **"우리 아이 머리가 잘못된 건 하나도 없어요. 그 아이는 전혀 다른 식으로 배울 필요가 있어요."**

어머니의 목소리는 점점 더 간절해졌다. 부모님은 가정교사를 채용하자는 문제에 대해서 더 진지한 자세를 보였다. 이건 달리 말하자면 다음과 같은 뜻이었다. "자유학교를 세우자." 그렇게 해서 학교가 시작되었던 것이다.

간추린 학교 역사와 지향

베스터 스케르닝에 자유학교는 1865년, 그룬트비와 콜의 사상에 기초하여 설립되었다. 덴마크에서는 1852년에서 1892년까지 40년 동안 200여 개 이상의 자유학교가 설립되었는데 베스터 스케르닝에 자유학교도 그 중 하나이다. 자유학교를 설립한 주된 이유는 학부모들이 국가가 세운 학교에 만족할 수 없었기 때문이다. 그들은 암기 학습과 교사가 아이들을 다루는 방식에 찬동할 수 없었다. 그들은 아이들은 사랑과 신뢰, 존중과 배려로 만나야 할 존재라고 생각했으며, 또한 학부모와 교사들은 긴밀하게 협력하여 아이들이 가정과 학교 사이에서 공동체성을 느낄 수 있도록 해야 한다고 생각했다.

베스터 스케르닝에 자유학교는 위에서 말한 바와 같이 아이들 교육에 기꺼이 책임을 떠맡고자 하는 학부모들을 보여 주는 좋은 사례라 할 수 있다. 과거에도 그랬고 현재도 마찬가지로, 우리는 아이들을 독특한 개성을 갖춘 존재로 보아야 한다. 그들은 그렇게 존중받아야 한다. 역사, 신화, 노래, 전통은 개개인이 자신의 삶과 사회에서 구현해야 할 중요한 가치이다. 그러한 가치들은 개인으로서의 정체성과 학교 공동체와 지역사회 일원으로서의 정체성을 창조하는데 기여한다.

베스터 스케르닝에 자유학교는 농장에서 여러 집 아이들이 다니는 가정학교 형태로 시작되었고, 1875년 현재 위치로 옮겨왔다.

그룬트비와 콜의 사상에 근거한 교육의 주된 가치는 세상이 엄청나게 변화했음에도 여전히 존재 이유를 갖는다. 어떻게 그것이 가능할 수 있는가? 그 이유는 그룬트비와 콜이 어떤 특수한 학교 제도를 조건 짓는 시대정신에 따라 세워진 교육학적 체제가 아니라, 항구적인 가치를 제시하고 있기 때문이다.

베스터 스케르닝에 자유학교가 추구하는 가치는 다음 다섯 가지이다. 창조성, 학문적 능력, 사회적 능력, 자연에 대한 지식, 사회 전반을 이해하는 능력. 이러한 가치 목표에 도달하기 위해서 학부모와 학교와 학생들은 함께 힘을 모아 학생들 개개인의 인격적, 사회적, 학문적 능력을 최선의 상태로 발달시키는 것을 핵심 과제로 삼는다. 역시 핵심적인 것은 삶의 기쁨과 각자의 신념을 견고하게 지켜내기 위한 용기를 강화하고 발달시키는 것이다. 그러한 목표에 도달하기 위한 키워드는 신뢰, 개방성, 다양성, 인정(존재와 성취에 대한 존중)이다.

현재 베스터 스케르닝에 자유학교에서는, 서양사의 한 시기에서 현 세대가 그들의 부모가 누렸던 부와 자유의 수준을 동일하게 유지할 수 있을지에 대한 우려스런 질문이 제기되고 있다. 전 지구적 온난화, 이민, 난민, 자연자원의 고갈과 일반적 소비주의(그리고 전 지구적 관점으로부터 협소한 지역적 관점으로 회귀하려는 대부분의 경향과 국가 전략 중심적 협력 사업)에 직면한 문제, 즉 지속가능성의 결핍 같은 쟁점들은 모두 다음 세대에게 그들 자신의 미래에 대한 두려움과 불신을 불러일으키고 있다.

이 도전들 앞에서 보통 주어지는 답변은 불행하게도 청소년들에게 고도의 압박을 가하는 식으로 나타난다. 아이들은 성공적인 삶을 위해 책임져야 할 사람은 오로지 자신뿐이라는 기성세대의 고압적 언설 아래 내몰리면서, 최선의 교육을 받기 위해서는 학교에서 공부를 잘해야 한다든지, 스트레스를 받지 않고 건강하게 지내야 한다든지, 소셜 미디어에서 자기 이미지 관리를 잘 해야 한다든지 등의 외적인 제약 상황에 처해진다.

다행스럽게도 우리는 그룬트비와 콜의 교육학적 사고를 통해 이러한 문제에 어떻게 대처해야 할지에 대해 좀 더 희망적인 해결책을 찾아볼 수 있다. 그것은 바로 신뢰이다. 베스터 스케르닝에 자유학교는 아이들은 누구나 그 인격과 사회적 삶에 있어서 가치 있으며 독특하다는 관점에 핵심 가치를 두고 있다. 한 걸음 더 나아가서 부모와 학교가 함께 아이들에게 강력한 소속감과 다양하고 타당한 삶의 기예를 제공해 줄 수 있다면, 다음 세대는 그들이 앞으로 직면하게 될 도전 앞에서 그들 자신에 대한 그리고 상호 높은 수준의 신뢰에 근거하여 또한 그러한 신뢰와 함께 기꺼이 책임을 떠맡고자 할 것이다. 따라서 우리는 학교에서 아이들에게 '간(間)문화적 능력'이라고 지칭되는 어떤 것을 제공해 주고자 한다. 여기서 기본적으로 요구되는 능력들은 신뢰를 가지고 자기들이 모르는 낯선 사람들과 만나 함께 행동할 수 있는 능력들로, 예컨대 호기심, 개방성, 지식, 공감, 성찰 능력 등이 그것이다.

따라서 모든 아이들은 재학 기간 동안 낯선 사람들과 만나 함께 어울리는 법을 배워야 한다. 이른 시기에는 문화와 언어가 아이들에게 익숙한 지역민들과 어울리게 하고, 11~12세 때에는 같은 연령대의 아이들이지만 다른 나라, 즉 처음에는 유럽에서 시작해 사하라 끝의 회교도 마을에 이르는 범위의 다른 아이들과 교류를 시작하게 한다. 손님으로서 또 손님을 맞는 위치에서 재학 기간 중 4~5차례 정도 그런 기회를 갖도록 한다. 이렇게 해서 아이들에게 세계의 다양성에 대한 개방성과 이해를 위한 정신 구조가 가능해지는 것이다. 개인적 경험으로 볼 때, 처음에는 매우 다르리라 생각되는 것들이 이미 알고 있는 것들(음식, 매너, 우정, 학교 등)에 비해 크게 다르지 않다는 것도 깨닫게 될 것이다.

이 과정을 통해서 우리는 모두 인간이며 차이보다는 공통점이 더 많다는 것, 그리고 서로 이해하는 법을 배우고 더 나은 미래를 위해 함께 행동해야 한다는 것을 알게 될 것이다.

베스터 스케르닝에 자유학교에서 최근 가지고 있는 또 하나의 관심사는 '능동적 시민됨(active citizenship)'이라 지칭되는 것이다. 오늘날의 청소년들과 우리의 미래 세대는 매우 빠르게 좋은 소비자가 되는 법을 배워

가고 있다. 하지만 자유학교에서는 오전 6시 30분부터 8시까지 그리고 오후 12시 30분부터 5시까지 '아무 것도 아닌 것을 위한 어떤 것(Something for Nothing)'이라고 지칭되는 것에 대한 긍정적 태도를 형성하기 위해 노력한다. 지역, 국가적, 국제적 협회와 NGO들은 대부분 단지 돈을 버는 일을 넘어서, '좀 더 나은 삶'을 위한 활동과 배움을 증진하기 위해 노력하는데, 아무 것도 아닌 것을 위한 어떤 것이란 바로 그런 것들을 뜻한다.

그런 이유로 우리는 지역적 수준과 국제적 수준에서 프로젝트를 수행하는데, 그러한 수준에서 청소년들은 능동적 시민으로서 어떻게 행동해야 할 지에 관한 활동과 도전에 직면하게 된다. 목표는 청소년들도 역시 가치 있는 기여를 할 수 있다는 인식을 발달시키는 것이다.

덴마크 부모들은 헌법에 따라 베스터 스케르닝에 자유학교 같은 학교를 설립할 수 있다. 우리가 설정하는 주요 초점은 학교라는 사회로서 우리 자신에게 늘 물음을 던지는 데 맞추어져 있다. 우리 기성세대는 아이들이 신뢰, 개방성, 지식, 기예, 공감 능력 등을 통해 최선의 삶을 만들어 내기 위해 그들의 미래로 걸어 들어갈 수 있도록 함께하고자 한다.

베스터 스케르닝에 자유학교 개요

· 2019년 현재 학생 230명, 교사 24명, 학년은 0학년(예비학교 1년)에서 9학년

까지 있다. *0학년(예비학교 1년)은 학교에 입학하기 전 유치원에서 학교로 잘 넘어갈

수 있도록 설치한 기간으로 의무 사항이다. 유치원 연령은 3~6세이다. −옮긴이

· 약 85명의 학생들이 정규 수업 시간 전과 방과 후(6시 30분~8시, 오후 12시 30

분~5시)에 돌봄을 받는다.

· 학교 관리와 청소를 위해 4명을 따로 두고 있다. 하지만 학생들도 매일 교실 청

소를 한다.

· 학교운영위원회는 7명으로 구성되어 있다. 위원은 매해 총회에서 선출하는데,

학부모들이 학부모들 중에서 선출한다.

· 자유학교에는 감독관이 배치되어 있다. 감독관은 교육부로부터 검증받아야 한

다. 감독관은 자유학교가 공립학교 수준에 상응하는 교육을 하는지 확인한다.

· 모든 초등학교와 중등학교에는 (상담)심리사, 간호원, 특별 고문관과 교육고문

관이 학교와의 협력 구조 하에 배치되어 있다. 재정은 국가와 지방정부가 담당

한다.

주소 Vester Skerninge Friskole, Nyvej 7, 5762 Vester Skerninge

홈페이지 www.v-skerninge-friskole.dk

콜이 댈뷔에 처음 설립한 초등자유학교 피엘레캐슨(Fjællekassen)

1865년, 콜의 사상에 기초하여 설립된 베스터 스케르닝에 자유학교

교육 과정 사례:
4학년과 8학년, 개요와 주요 특징(2018 학사력)

4학년 학사력에 따른 교육 과정, 개요와 주요 특징

한 학년 수업 기간은 8월 중순부터 이듬해 7월 말까지 지속되며 시간표는 대개 다음 교과로 구성된다. 국어, 수학, 영어, 독일어, 과학, 미술, 가정경제, 역사, 종교, 음악, 합창.

다음은 특히 소개할 만한 것들이다.

아침 모임

학생과 교사들은 매일 아침 다 같이 모여 공동의 시간을 갖는다. 이른바 '아침 모임'이다. 이 시간은 그룬트비와 콜 식의 자유학교에서 오래

전부터 지켜 온 매우 중요한 전통이다. 이 시간에 다루는 내용은 학교마다 다르다. 베스터 스케르닝에 자유학교에서는 먼저 노래를 두세 곡 정도 부른다. 첫 번째 노래가 끝나면 주기도문(기독교 교회에서 사용되는 기도에 관한 교훈 -옮긴이)을 암송한다. 아침 모임은 교사들이 돌아가면서 이끌고, 모임 주제는 이끄는 사람이 함께 나누고 싶은 대로 재량껏 결정한다. 그런 주제들로는 낚시, 여행담, 신화와 동화 이야기 해 주기 등 여러 가지가 있다. 유치원부터 9학년까지 학생들과 함께 지내며 교육하기는 결코 쉬운 일이 아니지만 대체로 교사들은 성공을 거두고 있다.

철학 수업

베스터 스케르닝에 자유학교에는 매우 독특한 전통이 있다. 매주 금요일 아침 모임 시간에 하는 철학 수업이다. 주제로는 사랑, 미움, 시기심, 나눔, 사회 미디어, 선물 교환 등 여러 가지를 다룬다. 철학은 두 명의 교사가 담당한다. 교사들은 주제를 정하고 아침 모임 프로그램에 따라 토론할 질문을 작성한다. 정신없이 돌아가는 혼란스런 세계에서는 의미 있는 실존적 가치에 초점을 맞추어 생각해 보도록 하는 것이 중요하다는 이유에서 마련된 시간이다.

수요일(대부분), 4학년이 5, 6학년과 함께하는 학습 구조

내용은 아주 다양하다. 하지만 주요 목적은 학생들에게 같은 건물 안에서 같은 공간을 사용하는 세 학년이 서로 연결되어 있다는 느낌을 주기 위한 것이다. 학급 교사는 매년 주제를 함께 다루기 위한 계획을 세운다. 2018년에 다룬 주제는 다음과 같다.

- 하이쿠(일본 정형시의 일종으로 모두 17음으로 이루어진 단시 – 옮긴이) 쓰기
- 드라마
- 소그룹 미니 프로젝트(학생들은 스스로 선택한 주제를 조사하고 학생회 앞에서 발표한다)
- 재미있고 흥미를 자아내는 크리스마스 달력 만들기
- 동화를 쓰고 삽화 그려 넣기. 이 작업을 마친 후 학생들은 유치원 아이들과 1학년 학생들에게 동화를 읽어 준다.
- 연례 학교 캠프를 위한 여행 안내 책자 만들기
- 수요일마다 학교 밖에서 진행되는 3개 학년을 위한 프로그램
- 자전거 여행. 매번 15킬로미터를 달린다.
- 지역에 있는 회사, 교회, 박물관 등 방문

주제 주간

36주: 바다 주간. 지역의 모든 학교가 상호 협력하며 진행하는 프로젝트. 각 학급들은 바다라는 단어를 각자 해석한다. 우리 학교에서는 그린란드 전설에 나오는 바다의 어머니 상을 제작한다. 노래도 짓는다. 36주 마지막에는 1,100명의 아이들이 스뷘보르(Svendborg)에서 거대한 퍼레이드를 벌인다.

49주: 크리스마스 주간. 모든 학생들이 크리스마스 장터를 준비한다. 5학년 학생들은 부모의 도움을 받으며 500명 정도를 위한 요리를 한다. 다른 학년들은 학부모와 친구들을 위한 크리스마스 이벤트를 준비한다.

5주와 6주: 7학년까지 매년 유치원 어린이들과 함께 연극을 한다. 2018년 주제는 서커스이다. 6주째 목요일과 금요일에는 부모와 조부모 등 가족과 다른 학교 학생들을 위해 공연을 한다.

11주: 4, 5, 6학년은 그룹으로 애니메이션을 제작한다. 퓐섬에 있는 학교들과 함께 경연 대회에 참여한다. 2018년의 키워드는 '둥근, 외로운, 녹색의' 이다.

19주: 3개 학급을 위한 주제 주간. 2018년에는 영어의 날로, 학생들은 영어를 활용하는 미니 사회를 만든다.

21주: 유치원부터 8학년까지 유치원 어린이들을 위한 캠프를 연다.

26주: 학년을 마치는 주. 학생들에게 아주 다양한 과제들이 주어진다. 학급은 깨끗이 청소하고 잘 정리 정돈한다. 매년 록 뮤직 페스티벌이 열리고 3개의 자유학교 밴드가 참가한다.

학부모와 학교의 관계

모든 교사는 매주 금요일 학생과 부모들을 위해 한 주간 계획을 운영한다. 상호 소통은 스쿨 인트라(School Intra)라는 인터넷 시스템을 이용한다. 교사들은 시스템 상에서 학부모들과 학급에 메일을 보낸다. 다른 소통 방식도 있다. 문제가 있을 경우, 학부모는 교사에게 전화를 걸 수도 있고 교사가 학부모에게 전화를 걸 수도 있다. 교사는 학부모와 학생을 학교에서 만나기도 하고 집에서 만나기도 한다.

9월에는 모든 학급 교사들이 학부모들을 초대해서 학년 계획에 대해 이야기를 나누는 자리를 마련한다. 11월에는 각 학생들과 30분간 면담하는 시간이 있다. 지금은 학부모와 아이들이 수학 교사와 학급 담임 교사와 같이 만난다. 그 자리에서는 아이들이 한 사람의 개인으로서 또한 사회적 관계에서 잘 지내는지에 대해 이야기를 나눈다. 또 아이들의 학문적 수준에 대해 이야기를 나누고 학생과 부모에게 조언을 하는 등 도움을 준다. 8학년 전까지는 성적을 매기지 않는다. 내적인 동기를 끌어

내는 것이 아이들을 숫자나 글자로 평가하는 것보다 중요하다고 믿기 때문이다. 2월이나 3월에는 학부모들을 위한 두 번째 학급 모임이 있다. 안건은 교사와 학부모가 협의해서 정한다.

학년이 진행되는 동안 학급과 학부모들을 위한 행사를 조직한다. 행사의 조직과 개최는 학부모 위원회가 맡는다. 스포츠, 디스코, 포트럭(pot-luck, 각자 먹을거리를 준비해 와서 함께 먹는 간소한 식사 -옮긴이), 박물관 견학을 비롯해서 학급을 위해 좋다고 생각하는 것들을 제공한다. 행사의 조직과 운영을 조정하기 위해 학급 교사가 참여하기도 한다.

그룬트비와 콜 사상에 기반을 둔 학교에서는 모든 학생과 학부모가 서로 협의하여 함께 만들어 내는 작업이 커다란 의미를 갖는다. 학년마다 앞에서 말한 행사들을 비롯해 여러 행사들이 있다.

8학년 학사력에 따른 교육 과정 개요와 주요 특징

8학년 학생들은 전통과 학교 문화에 따라 앞에서 말한 학교 위원회에 참여한다.

7, 8, 9학년은 같은 건물에서 공간을 함께 사용한다.

다음은 학사력에 따라 이루어지는 교육 과정 개요이다. 나머지는 시간표로 확정되어 있으며 교과목은 다음과 같다. 국어, 수학, 물리, 영어, 독일어, 지리, 역사, 종교, 사회, 미술, 음악, 야외 활동(미술, 음악, 야외 활동은 선택 교과), 합창.

7, 8, 9학년 단계에는 매년 중점을 둔 키워드가 있다. 2018년의 키워드는 '목표'이다. 초점을 찾아내는 데 주안점이 있으며 교육 과정은 선택한 키워드에 기반을 두고 있다.

37주: 한두 개의 교과, 예컨대 국어와 수학을 가지고 주간 내내 작업한다. 진행 과정에서 학생들이 학사력에 대해 어떤 생각을 가지고 있는지 이야기를 나눈다. 좋은 삶과 도전에 초점을 맞추어 이야기를 나눌 수도 있다.

40주: 독일 그로스바르다우(Grossbardau) 지역을 방문한다. 국제 관계에 대한 수업을 중시하기 때문이다. 다른 문화권과 다양성 일반을 이해하려면 다른 나라에 대한 경험을 쌓고 교환 수업을 할 필요가 있어서, 이 주간에는 가정집에서 머문다.

43주: 8학년은 매년 국가 차원에서 개최되는 신문 경연대회에 참가한다. 목적은 학생들로 하여금 자유 언론과 또 그것이 민주 사회에서 차지하는 역할이 무엇인지 알게 하기 위해서다.

48주: 영어, 국어, 수학 교과에서 지필 평가를 한다.

49주와 50주: 학생들이 쓴 각본으로 연극 공연을 한다. 학생들은 연극의 플롯을 '목표'라는 키워드에 두어야 한다. 다음 중에서 선택할 수 있다. 음악, 역할놀이, 연극의 디자인과 장면 조형, 빛, 노래. 공연은 부모, 가족, 친구, 학교를 위해 개최된다.

4, 5, 6주: 프로젝트 수업. 키워드에 따라 학생들은 탐사하고 싶은 하나의 주제를 선택해 2~4명으로 구성된 그룹으로 작업한다. 학생들은 문제에 대한 정의를 내리고, 여러 각도에서 조사하며, 그들이 쓰려는 자료에 대해 많이 알고 있어야 한다. 프로젝트는 상급반과 부모와 6학년생 앞에서 하는 강연으로 끝난다. 반드시 문서로 작성해야 하며, 실제적·창조적 부분이기도 하다.

13주: 37주와 동일한 교과 학습 주간.

19주: 독일 그로스바르다우 지역 학교 학생들의 학교 방문.

21주: 두 번째 캠프

22주: 48주와 동일.

23주: 노작 활동. 학생들은 학교 밖, 즉 민간 회사나 공공 기관 등에서 활동하면서 그들이 생각하기에 흥미롭고 목표로 삼을만한 '사업'을 장으로 일하는 경험을 쌓는다.

24주: 여름 꽃다발(Summer Bouquet) 주간. 내용은 매년 학년마다 다르다. 학생들과 긴밀히 협력해서 계획한다. 이 주간 동안 모든 교과에서 성적을 평가한다. 앞에서 말했듯이 8학년 전까지는 성적을 매기지 않는다.

26주: 마지막 주간에는 교실과 공동 공간을 깨끗이 청소하고, 수선할 부분은 수선하며, 일체를 깔끔히 정리 정돈한다.

끝으로 베스터 스케르닝에 자유학교 교사들을 위한 격언을 소개한다.

학생들에게 각기 다르게 다가가는 것이
바로 학생들을 동일하게 대하는 것이다.
조심조심 걸으라. 여기서 아이들이 창조되고 있기에.

교사의 과제 변화와
미래를 위한 새로운 도전

현 시점에서 덴마크의 교육 정책을 놓고 생각해 볼 때 우리 아이들의 미래가 어떻게 될지 나로서는 우려를 금할 수 없다.

최근 유럽연합 교육정책위원회(European Commission for Education Policy)가 내놓은 보고서 「교사의 역량과 자질에 대한 유럽의 공통적 원리 *The Common European Principles for Teacher Competences and Qualifications*」를 보면, "2010년 유럽연합이 세계 경제 운영에 있어서 활용 가능한 가장 높은 지식으로 여기는 것으로서" 학습 공장(어린이들을 생산하기 위한 목적으로 존재하는)에서 통용되는 '역량'에 관한 하나의 상을 얻게 된다. 하지만 이러한 포부는 잘못된 것이다. 그 상이라는 것이 교육에서 많은 중요한 점들을 명백히 간과하고 있는 시장 경제 이념에 의해 추동되고 있기 때문이다(이 점에 대해서는 이 글 후반부에서 좀 더 자세히 다루겠다).

이 맥락에서 볼 때 우리는 2006년 4월, 정부가 발행한 『세계 경제에서

덴마크의 전략: 가장 중요한 목표』라는 소책자 덕분에 축복을 받게 된 느낌이다. '세계에서 가장 좋은 학교'를 목표로 삼고 쓰인 장들 중 하나는 다음과 같이 기술하고 있는데, 자세히 살펴보면 이런 사항들이 유럽연합 교육정책위원회의 목표와 얼마나 같은 입장을 취하고 있는지 잘 알 수 있으며, 이는 확실히 주목할 만하다.

· 덴마크에는 세계에서 가장 좋은 공립학교들이 있다. 이 학교들은 학생들에게 지식과 기술을 제공하고, 창조성과 독립성을 촉진하며, 나아가 미래 교육을 위해 준비시킨다.

· 학생들은 네 가지 기초 분야의 실제 역량(읽기, 수학, 과학, 영어)에 있어서 세계 최고의 순위를 차지할 것이다.

· 모든 학생에게는 좋은 지식과 함께 실제 역량이 주어진다. 가장 총명한 학생들은 다른 나라의 가장 총명한 학생들과 어깨를 나란히 해야 한다. 이에 따라 가장 취약한 학생들의 수준 역시 더 나아지게 될 것이다.

· 공립학교는 우리의 모든 젊은이들이 전 지구적 차원에서 능동적으로 참여하기에 걸맞는 지식과 실제 역량을 습득하도록 보장한다.

내가 보기에 이러한 목표들은 매우 도구적 성격을 띤 새로운 학습 정책을 요구하며, 이는 불가피하게 학생의 자유와 다양성을 감소시키는 결과로 이어질 수밖에 없다. 덴마크 교육 전통에 비추어 볼 때 이것이 교육 현장에 극심한 간섭을 초래할 것이고, 우리 교육의 자유를 위협하게 되리라는 점은 충분히 예상할 수 있다. 유럽의 다른 나라들과 비교해 볼 때, 덴마크는 지금까지도 자유학교뿐만 아니라 공립학교에서도 분권화된 교육 제도를 가지고 있어 왔는데, 이 점은 깊이 숙고해 볼 필요가 있다.

공립학교에 관한 덴마크 정부의 주요 목표는 다음과 같이 새겨볼 수 있다.

· 공립학교의 일반적인 법적 목표는 학생들이 지식과 기술을 '제공'받아야 한다고 분명히 밝히고 있다. 이전 법에서는 학교가 부모와의 협력 아래 학생들이 지식과 기술을 '습득'하도록 격려할 것을 명시했다(이전에는 지식과 기술이 학생들 책임이었다면 이제는 교육부와 학교의 책임이라는 뜻 – 옮긴이)

· 시험과 평가는 정부가 내놓은 새로운 전략의 키워드이다. 공립학교에서는 국가 차원의 종합 시험이 계획되어 있으며 그것은 제2형태에서 제8형태까지로 구조화되어 있다.

· 또 다른 주요 변화는 각 교과목에 대한 종합적이고도 국제적인 목표이다. 어린이들에 대한 평가는 반드시 국제적인 목표에 근거해야만 한다.

· 교사는 전문가다. 교사 교육은 교과목 전문가를 양성하기 위한 교육에 초점을 맞춘다. 전공자만이 교수 활동을 할 수 있도록 해야 한다는 것이다.

이 새로운 교육 정책은 PISA(국제학업성취도평가)에서 현재 덴마크가 위치한 순위, 즉 기대에 못 미치는 순위 결과에 기인한다. 하지만 많은 점들이 PISA 결과 분석에서 무시되고 있음에도, 정부는 PISA 결과에 의거한 새로운 교육 정책(개념)들을 단지 '좋은 것'이라고 변명만 하고 있다. 그 결과 중앙 집중화된 '톱다운' 방식의 학교 체제가 나타나게 되며, 이렇게 하여 이 정책의 방향은 최근까지 유지되어 온 분권화된 덴마크 교육 체제 패러다임의 전환을 불가피하게 강제하게 되었다.

지방자치제에 따라 운영되는 공립학교가 있는 곳에는 분권화된 학교 제도가 지금까지 가동되어 왔다. 그러나 현재 정부가 요구하는 많은 포괄적 사항들은 이들 학교의 다양성을 위한 가능성을 감소시켰다. 교사들은 지금까지 교육학적인 개념이나 방법들을 선택하는데 있어서 광범위한 자유를 누려 왔다. 또한 학교 자체의 교육학적 실험들도 인정받을 수 있었다. 부모와 어린이 역시 학교 문화 안에서 교육 개념들을 발전시키기 위한 능동적이고 가치 있는 일원으로 존재해 왔다.

이 대목에서 묻고 싶은 것은, 교사로서 학교를 세우는 데 결정적으로 필요한 요건들, 예컨대 어디에서 어린이들이 가장 좋은 교육을 받을 수 있는지, 교육을 받는 모든 어린이의 최종 목표는 무엇인지, 또 그들이 사회에서 능동적인 구성원으로 자리 잡을 수 있는지, 빠르게 변화하는 전지구적 차원에서 안내자 역할을 할 수 있는지 등에 대한 것이 아니다. 나의 물음은 선택하는 방법에 관한 것이다. 이 점에서 유럽연합 교육정책위원회가 내놓은 제안과 방법 그리고 이에 대한 덴마크 정부의 해석은 아주 우려스럽다.

중앙 집중화된다는 것은 정부가 자녀 교육에 책임을 지는 부모의 능력을 신뢰하지 못한다는 것이다. 중앙 집중화의 부정적 결과로 예상할 수 있는 몇 가지를 지적해 보겠다.

· 학과목 중심의 교육인데, 이렇게 되면 교수 활동은 신물 나는 일이 되어 버린다. 여기에서 학교를 위한 최고의 결과는 최고의 시험 성적에 기초한다. 학교는 물론 공적 의사소통을 위해 학교 홈페이지에 그 결과를 올려야 한다. 이것은 교사에 대한 주요한 변화이다. 교사와 부모에 대한 압박은 어마어마해질 것이고, 그 결과 학교 교육이 시험을 지향하게 되리라는 점은 잘 알려진 바와 같다. 누가 실패를 원하겠는가!

· 어린이는 시장과 경영 원리에 근거한 교육 정책을 위한 대상으로 전락하게 되고, 또 이것은 도구적 방법에 초점을 맞춘 교수 활동을 높게 평가하는 결과로 이어진다. 하지만 가르친다는 것은 매우 복잡한 일로 많은 부분들을 함축하는 과제 아닌가?

앞에서 도구적이고 일방적 관점에 의한 교육에 대해 매우 비판적이었다면, 이와는 다른 관점에서 교육의 내용은 어떠해야 하는지, 또 미래의 교사들을 위한 도전은 무엇이어야 하는지에 관해 초점을 맞추어 이야기를 이어가 보고 싶다.

독일의 교육철학자 볼프강 클라프키(Wolfgang Klafki)는 1999년 덴마크 자유교원대학에서 아주 흥미로운 강연을 했는데, 전 지구적 관점에서 중요해 보이는 세 가지 기초 역량에 관한 내용이었다.

· 개인의 삶에서 자신을 위한 결정을 내릴 수 있는 실제 능력을 발달시키기: 인문 · 윤리 · 종교 · 상업 분야에서 자기 입장을 표현할 수 있는 역량을 발달시키기.

· 의사 결정 과정에 참여하는 실제 능력을 발달시키기: 모든 개인은 공동의 문화적 · 시민 사회적 · 정치적 관계를 위한 요구와 가능성과 책임감을 가져야 한다.

· 연대를 위한 실제 역량을 발달시키기: 자기 자신을 위한 결정이나 공적 사회를 위한 결정에 참여하는 문제, 개인적인 범위에 국한된 참여는 정당화될 수 없다. 우리는 사회적 조건 때문에, 특권이 없어서, 정치적 제약과 억압 때문에 자기 자신을 위한 결정과 공적인 사회를 위한 결정에 다가설 수 없는 사람들을 위해 노력하고, 또 그들과 함께 협력할 수 있어야 한다.

교육에서 이러한 기초적인 실제 역량을 성취하기 위해서는 지식 사회 속에 있는 '시대 문제(epoch problem)'를 인식할 필요가 있다. 그러한 문제들은 또 다른 정치적 이슈들 가운데 있는데, 종교적 · 경제적 전쟁, 대량 살상 무기, 환경, 특권과 사회적 격차, 정체성 같은 기초적 가치, 문화 간의 이해, 윤리와 정치적 지향 같은 문제 등이다.

클라프키는 이러한 시대 문제 혹은 지식 사회 속에서의 변화를 다루기 위한 핵심 조건들을 발달시켜야 한다고 했다. 그것은 다음과 같다.

· 토론과 논쟁 자리에서 자기 주장을 펼 수 있는 의지와 역량

· 비판적이면서 동시에 공감할 수 있는 의지와 역량

· 협력할 수 있는 의지와 역량

· 창조적인 실제 역량

또한 클라프키는 보편적 교육의 실제 역량들을 키우기 위한 길에 대해 논했는데, 예컨대 어린이의 말하기 학습을 위해서는 보편적 틀을 주는 것이 중요하며, 이것은 오직 학급에서 이루어지는 보편적 가르침의 확장을 통해서만 이루어질 수 있다고 했다.

나는 현재 정치적 위치에서 교육을 결정하는 이들이 클라프키를 비롯하여 이러한 방향의 교육 철학을 가진 교육자들을 전혀 고려하지 않았다고 확신한다. 현 시대의 교육 사상들은 매우 일방적이다. 이에 비해 실존주의 철학과 인문학적 주제들을 다루는 가치들은 교육 정책에서 덜 중요한 위치에 있는 듯하고, 그 결과 획일성과 중앙 통제식 교육이 점차 힘을 얻어가는 상황이다. 세계 경제를 이끌거나 그러한 경제를 이끄는 지식이 주요 목표이기 때문에 신뢰, 부모로서의 책임감, 교사와 학부모와 어린이 사이의 협동과 같은 중요한 가치들은 '거의 무가치'해지는 형세이다. 요컨대 경제적 야망을 이루기 위한 전략들로 인해 인간적인 이해를 중시하는 교육 체제는 매우 빈약해지리라고 생각한다.

미래 교사들을 위한 도전은 앞에서 말한 경제적 가치 위주의 교육 목적이나 목표와는 매우 다른 차원에 놓여 있다.

2014년, 덴마크에서는 학교 개혁을 위한 법이 새로 제정되었는데, 이로 인해 교사와 학부모와 어린이를 위한 기존 교육의 주요 목표와 정신이 상당 부분 바뀌었다. 이 개혁 정책은 PISA의 결과와 교사의 경쟁력과 자격에 관한 유럽의 공통 원칙이 반영된 결과라 할 수 있다.

이 새로운 교육법과 규정으로 인해 덴마크 교육에서 '패러다임의 전환', 즉 교육적 인식 체계의 전환이 일어나게 되었다. 주요 세부 사항을 들면, 몇몇 교과에서 치르는 국가 시험에서 학생들은 2학년 이후부터 지속적으로 학업 성취도를 보여야 하고, 이는 의무 사항에 해당한다. 그 결과 많은 교사들은 자신들의 교수 활동을 국가 시험 준비에 집중하게 되었으며, 정작 그들 자신의 희망과 아이디어는 옆으로 제껴 놓게 되었다.

이 패러다임 전환은 학교 체제에서 국가와 학교 지도자들에게 주된 역할을 부여하는 한편, 학부모들은 부차적인 위치로 밀려났다. 이는 지금까지의 흐름을 거의 가로막는 상황을 뜻했다. 그 결과 교사와 학부모와 학생들을 위한 사상과 행동의 자유는 국가와 지방정부와 교장을 위한 사상과 행동의 자유로 바뀌었다.

다행스럽게도, 많은 교사와 학부모와 정치가들은 이러한 패러다임 전환에 대해 우려를 표명했고, 그리하여 이루어진 토론의 결과 중앙 집중화에 대한 대안으로서 좀 더 분권화된 교육적 사유 방식을 고려하자는 분위기가 감지되고 있다.

앞에서 나는 공립학교 체제에서 일어난 패러다임의 전환에 대해 논했다. 하지만 그러한 변화가 자유학교에서는 미미한 것으로 판단하고 싶다. 우리 자유학교 교사들은 학부모, 교사, 학생들 간의 긴밀한 협력 관계를 여전히 지속할 수 있는 위치에 있다고 할 수 있다. 우리는 개별 교과를 위한 국가 목표를 따르기도 하지만, 우리 자신의 것을 추구하기도 한다. 국가 시험은 자유학교에 의무 사항으로 부과되지 않는다는 점이 핵심이다.

최근까지 나는 그룬트비와 콜이라는 두 교육자들의 사상에 기초한 자유학교 교사로 일해 왔다. 그들의 사상은 150여 년이나 지났지만, 그들이 주장하고자 했던 사상의 핵심은 매우 복잡다단한 현대 사회에서 일하는 교사들에게 여전히 도전적인 가치가 있다고 확신한다. 다음에 그중 한 학교인 레프스뷘딩에(Refsvindinge) 자유학교를 소개한다.

레프스뷘딩에 자유학교의 기본 가치

레프스뷘딩에 자유학교는 그룬트비와 콜의 사상에 바탕을 둔 학교, 즉 삶의 관점에 근거하며, 어떤 특정한 이념적 원리를 고백하지 않는 학교이다.

부모와의 협력 구조를 갖춘 이 학교는 어린이의 독립심과 자기 주도 능력을 발달시키는 것을 하나의 주안점으로 삼고 있는데, 이는 다시 말해서 민주주의 사회의 도전들에 맞설 수 있는 용기를 주고 희망을 갖게 하기 위한 것이다. 레프스뷘딩에 자유학교는 민주 사회의 일반적인 주도 원리, 즉 개인을 위한 자유, 소수자에 대한 존중, 평등이라는 기본 가치 위에 기초한다. 따라서 어린이의 연령과 잠재 능력에 맞게, 다양한 차원의 의사 결정에 어린이를 참여시키며, 어린이가 타인의 관점과 생각을 존중하면서 자기 생각을 자신 있게 표현할 수 있는 능력을 중시한다. 여기에서 강조하는 것은 가정적 분위기, 자신감을 주는 환경, 어린이 각자의 능력에 대한 존중 같은 가치들이다.

역사, 종교, 신화, 전설을 교육의 주요 내용으로 설정하고 있으며 이것을 이야기 식으로 가르친다. 이렇게 함으로써 아이들이 자연스레 역사적이고 문화적인 정체성을 가지게 될 것을 기대한다.

최고의 가치는 부모와 교사 간의 협동으로 이루어지는데, 그들은 당연히 자유학교의 목표에 근거해 있고 또한 과목의 지식을 가르치기 위해 세운 계획들 안에 있다. 자유학교에서 부모들과 함께 만들어 내고 싶은 것은 이런 것이다. "뿌리는 그들을 자라게 하고, 날개는 그들이 날 수 있게 만든다."

나는 미래의 교사들에 대한 도전이라는 과제 앞에서 중요한 것은 지식의 지향뿐만 아니라 실존적 가치는 물론, 사회적 인간성을 위한 가치들이라고 생각한다. 하지만 만일 교육이 시장 경제 가치에 초점을 맞춘다면, 사회적 연대 능력이 결핍된 아주 이기적인 사람을 배출할 수밖에 없을 것이다. 두려운 일이 아닐 수 없다. 그러한 연대의 능력이란, 특권을 누리지 못하는 사람들을 공감과 감정 이입을 통해 올바르게 이해함으로써 공동체와 민주주의 사회를 함께 구현하기 위한 능력을 뜻한다. 우리 교사들에게는 인간적인 가치에 핵심적인 역할을 부여할 수 있는 자리에서 부모와 함께 어린이를 교육해야 할 책임이 있다.

　미래의 교사가 맞닥뜨려야 할 도전 가운데 가장 중요한 것은 심리학적, 사회학적인 이슈들과 관계가 있다. 덴마크의 심리학자 피터 클라우슨(Peter Clausen)은 어린이와 젊은이의 상황 그리고 포스트모던 사회의 발달에 관한 연구 결과를 내놓았다. 논지를 간추리면, 포스트모던 사회는 경제적이고 사회적인 영역의 주요 변화들에 의해 지배되고 있는데, 그 변화들은 안정과 예측의 결핍을 나타내고 있는 바, 전통 문화와 종교적, 사회학적인 이해의 폐기는 인간 존재를 위한 가능성과 선택에 많은 변화를 일으켰고, 그러한 많은 가능성은 어린이와 젊은이들에게는 커다란 짐을 지우기도 하고 동시에 혼란을 초래케도 한다는 것이다.

　나는 그러한 분석에 동의한다. 우리는 과도하게 복잡한 사회에 살고 있다. 교사로서 우리는 이런 정황에서 교육하기에 많은 어려움을 겪고 있다. 우리는 어떻게 해야 하는가?

　나는 이 질문이 함축하는 복잡성을 알고 있다. 그러나 학교마다 교사와 부모가 최선이라고 생각하는 바, 학교의 독자적인 문화를 창조할 수 있는 교사들이 교육학적, 철학적, 심리학적 관점에 기초해서 가장 중시하는 요구가 있다. 이 같은 관점에서 볼 때 우리 교육에 주어진 가장 커다란 도전은 지식이나 학과목 이상의 것을 가르치는 것이라 할 수 있다. 교육의 내용은 반드시 인간 삶의 모든 면을 고려해야 하고, 학교는 일하는 삶(working life)을 위한 것일 뿐만 아니라, 삶을 위한 학교(school for life)여야만 한다는 것이다.

따라서 교사는 윤리와 철학과 교육학적 목적에 기반을 둔 높은 사상을 가져야 한다. 비록 이러한 사상이 무엇인지 꼭 집어서 말하기는 어렵지만, 다음과 같은 것들이 중요해 보인다.

· 교사로서 우리는 학교의 목적과 가치 기준에 책임감 있고 성실하게 임해야 한다. 아울러 '주인의식'을 가지고 학교의 지속적 발전에 적극적으로 참여해야 한다.

· 교사로서 우리는 어린이들마다 가진 독특한 가치와 능력들을 인식하고 가르치고 교육하며, 인간적인 면과 지적인 면을 고루 발달시켜야 한다.

· 교사로서 우리는 어린이들에 대해 열정을 가지고, 세심한 안목으로 관계 맺으며, 교실과 학교 그리고 부모와 협력하면서 공동선을 도모해야 한다.

· 교사로서 우리는 나이, 사회적, 지적 능력에 기초하여 매우 다양한 수준으로 어린이들과 바른 관계를 맺어야 한다. 이 바른 관계 맺음을 통해 우리 교사들은 어린이들로부터 매우 중요하고 주목할 만한 영향을 거꾸로 받게 되는데, 그것은 바로 책임감과 참여라는 가치다.

· 교사들은 어린이들과 함께하는 실존적, 철학적, 윤리적인 질문과 토의에 준비되어 있어야 한다. 우리에게는 이 과도하게 복잡한 사회 속에서 자라나는 어린이들의 개성과 정체성을 부모와 함께 발견하고 찾아나가야 할 의무와 책임이 있다.

· 교사로서 우리는 그룹 활동과 프로젝트를 통해 협동 능력과 창조력 발

달을 위해 힘써야 한다. 그러한 역량은 일하는 삶 속에서 뿐만 아니라 개인적인 삶에서 가장 중요한 가치를 갖기 때문이다.

　이상은 내가 평소 교육에서 가장 중시해 왔던 점들이다. 이러한 목표에 도달하고자 한다면, 우리는 교육에서 확장된 자유와 다양성의 가능성을 가져야만 한다. 각국 정부와 유럽연합은 어린이 교육에 관심을 가지는 부모와 교사의 능력에 대해 바르게 인식할 필요가 있다. 우리 교사와 학부모들은 가능한 한 최고의 교육이 이루어지기를 원한다. 분명한 것은 우리가 성공할 수 있는 길은 오직 우리가 그들의 교육을 책임질 때 열린다는 것이다. 중심 가이드라인은 있어야 한다. 하지만 획일성으로 이끄는 중앙 통제식 형태는 거절한다. 관용적이며 민주적인 사회에서 능동적으로 참여하며 살아가는 데 필요한 목적을 충족시키는 교육이야말로 우리가 추구하는 바이다.

크리스튼 콜의 가족사진(1869년). 왼쪽이 부인 스티네, 가운데가 딸 마리에다.

[편저자]

비어테 패뇌 룬 Birte Fahnøe Lund

여러 자유학교에서 일했으며 지금은 교육사에 관한 집필과 강연에 몰두하고 있다. 덴마크 교육 제도에서의 사유와 행동의 자유를 위한 투쟁을 주 관심사로 삼고 있다.

카스튼 옥슨배드 Carsten Oxenvad

덴마크 UCL(University College Lillebaelt) 대학 교사교육 교수. 희망 없는 세상에서 살아가야 하는 아이들에게 희망과 용기를 주는 학교에 초점을 맞추어 연구·교수하고 있다.

라스 스크리버 스뷘슨 Lars Skriver Svendsen (1934~2018)

1963년 자유교원대학(올러룹) 졸업. 1975~2002년 평민대학과 자유학교에서 일했다. 스뷘슨은 학교, 사회, 문화, 특히 자유학교에 관한 정보와 상호 교류를 위한 자유학교 저널인《프리스콜레블라데드(Friskolebladet)》의 신뢰할 만한 편집자였다.

[영역자]

인드라 쿨리히 Jindra Kulich (1929~2009)

1929년 프라하(당시 체코슬로바키아의 수도)에서 출생했지만 캐나다에서 활동하다가 2009년 작고했다. 평생교육센터의 장으로서 북유럽과 유럽을 중심으로 한 비교성인교육 분야에서 개척적인 연구를 수행했다.

[3장 사진]

클라우디 클라우슨 Claudi Clausen

학교, 사회, 문화, 특히 자유학교에 관한 정보와 상호 교류를 위한 자유학교 저널인《프리스콜라블라데드(Friskolebladet)》의 편집자.

[부록 기고자]

토마스 뷔스뷔 Thomas Visby

덴마크 자유학교 교직 활동을 거쳐 현재 베스터 스케르닝에 자유학교 교장으로 일하고 있다.

[부록 사진]

리스 퇼베르 에릭슨 Lis Toelberg Eriksen

올러룹 소재 자유학교 아카이브(The Free School Archive in Ollerup) 책임자

[옮긴이]
송순재
전 감리교신학대학교 교수. 한국기독교교육학회 회장과 서울시교육연수원장 역임. 현 한국
인문사회과학회 회장. 1990년대 중반부터 대안교육운동과 혁신학교운동에 참여, '교육사
랑방'을 공동 설립·운영하는 동시에 '학교를 단위로 한' 공교육의 변화를 위해 '학교교육
연구회'를 설립·운영했고, 산돌학교의 개교와 산마을고등학교의 재활을 위해 힘을 보태었
다. 2013년에는 동인들과 함께 대안교육과 공교육 교사 양성을 위한 '삶을 위한 교사 대학
(협동조합)'을 시작했다. 저서로『유럽의 아름다운 학교와 교육개혁운동』,『상상력으로 교육
에 말 걸기』,『코르착 읽기』,『덴마크 자유교육』(공저) 등이 있고, 역서로『사유하는 교사』,
『꿈의 학교, 헬레네랑에』,『아이들이 위험하다』(공역) 등과『영혼의 성장과 자유를 위한 교
사론』(편저) 등이 있다.

고병헌
성공회대학교 교수. 동 대학 교육대학원 원장, 대통령자문 교육혁신위원회 위원 등 역임.
1990년대 중반 대안교육운동을 발기하고 '교육사랑방'을 공동 설립·운영했으며, 아울러
평화교육, 시민교육, 평생교육(인문학) 분야에서 저술과 강연, 프로젝트 실행 등의 활동을 하
고 있다. 저서로『평화교육사상』,『다수를 위한 소수의 희생은 정당한가』(공저),『협동과 연
대의 인문학』(공저),『교사, 대안의 길을 묻다』(공저),『덴마크 자유교육』(공저),『교사, 입시
를 넘다』(공저) 등이 있고, 역서로『행복을 배우는 덴마크 학교 이야기』,『간디, 나의 교육철
학』,『희망의 인문학』(공역) 등과 편저로『영혼의 성장과 자유를 위한 교사론』등이 있다.

덴마크 자유교육의 선구자 크리스튼 콜

1판 1쇄 펴낸날 2019년 10월 31일

편저자 비어테 패뇌 룬, 카스튼 옥슨배드, 라스 스크리버 스뷘슨
옮긴이 송순재, 고병헌
펴낸이 장은성
만든이 김수진
인 쇄 대덕인쇄
제 본 자현제책

출판등록일 2001.5.29(제10-2156호)
주소 (350-811) 충남 홍성군 홍동면 광금남로 658-8
전화 041-631-3914
전송 041-631-3924
전자우편 network7@naver.com
누리집 cafe.naver.com/gmulko

ISBN 979-11-88375-19-6 03370 값 12,000원